Schnell für 2

Annemarie Wildeisen

Schnell für 2

Unkomplizierte Gourmetrezepte für jeden Tag

AT Verlag

Dieses Buch ist entstanden in Zusammenarbeit
mit der Firma WMF (Schweiz) AG, Bernstrasse 82,
8953 Dietikon, Telefon 01/740 59 59, Fax 01/740 59 56.

Geschirr, Gläser, Besteck, Küchenmesser, Töpfe sowie
Tischaccessoires für die Fotos wurden uns freundlicherweise von WMF (Schweiz) AG zur Verfügung gestellt.
Alle Rezepte im Kapitel «Mit Volldampf» wurden
mit dem WMF-Schnellkochtopf PERFECT ausprobiert.

3. Auflage, 2002

Fotos: Andreas Fahrni, Bern
Fotokochen: Margaretha Junker, Irène de Giacomo
Lithos: AZ Grafische Betriebe AG, Aarau
Druck und Bindearbeiten: STALLING, Oldenburg
Printed in Germany

ISBN 3-85502-711-0

www.at-verlag.ch

Inhaltsverzeichnis

Vorwort

Für den (all)täglichen Genuss

In unserer hektischen Zeit bleibt neben manch anderem oft auch die eine oder andere Mahlzeit auf der Strecke: Man isst, wo man gerade geht und steht. Und am Abend wird dann schnell eine Fertigpizza in den Ofen geschoben, weil man das Gefühl hat, etwas Selbstgekochtes sei mit grossem Zeitaufwand verbunden. Einen Salat und ein frisches Teigwarengericht zu machen, dauert jedoch auch nicht länger – nur ist man sich dessen nicht (immer) bewusst.

Für all jene, die sich einmal am Tag einen Moment des Geniessens erlauben wollen und denen auch wichtig ist, dass sie wissen, was sie essen, ist dieses Buch gedacht. Ich möchte zeigen, wie man ohne aufwendige Vorbereitung ein feines Essen zubereiten kann. Und die Rezepte sind nicht nur schnell, sondern ebenso unkompliziert zu kochen, so dass sich auch weniger Geübte problemlos daranwagen dürfen.

Das Buch will kein Grundkochbuch sein, kein Meisterkochbuch mit Hochglanzbildern, keine Rezeptbibel mit 1000 Rezepten. Es ist ganz einfach eine Sammlung von Lieblingsrezepten, die sich für die (all)tägliche Zubereitung eignen, also vernünftig in Preis und Aufwand sind. Rezepte, die Lust machen sollen, selbst zu kochen und vielleicht das eine oder andere Mal auch Gäste zu verwöhnen.

Und noch eine letzte Bemerkung: Behaften Sie mich nicht darauf, wenn Sie etwas länger in der Küche stehen, als in der Angabe zur Zubereitungszeit vermerkt ist. Ich kenne Ihr persönliches Arbeitstempo nicht – und im Übrigen spielt es bestimmt auch keine Rolle, ob Sie nun ein paar Minuten mehr oder weniger in der Küche stehen. Hauptsache, das Kochen macht Spass und das Resultat schmeckt gut! Das auf jeden Fall wünsche ich Ihnen!

Ihre Annemarie Wildeisen

Appetitanreger: **Vorspeisen und Gerichte für den kleinen Hunger**

Wintersalat

Aus Winter mach Sommer: In diesem Fall ersetzt man den Rotkabis zum Beispiel durch rohe, an einer groben Raffel geriebene Zucchini oder in feine Stängelchen geschnittene oder gehobelte Kohlrabi. Der Phantasie sind beim Zusammenstellen dieses leichten Salatgerichtes ohnehin kaum Grenzen gesetzt.

25 Minuten

50 g Haselnusskerne
¼ kleiner Rotkabis (Rotkohl)
3 Karotten
4–6 Champignons
50 g Greyerzer
1 Esslöffel Balsamicoessig
2 Esslöffel Rotweinessig
1 Teelöffel Senf
Salz, schwarzer Pfeffer
5 Esslöffel Olivenöl
ca. 50 g Lollo- oder Nüsslisalat (Feldsalat)

1 Die Haselnüsse in einer trockenen Pfanne ohne Fettzugabe hellbraun rösten. Dann grob hacken.
2 Den Strunk des Rotkabis herausschneiden. Das Gemüse nach Belieben in Spalten oder in feine Streifen schneiden.
3 Die Karotten schälen und in grobe Späne raffeln oder in feine Scheibchen hobeln.
4 Die Champignons rüsten und in Scheibchen schneiden.
5 Den Käse ebenfalls in dünne Stängelchen schneiden.
6 Essig, Senf, Salz, Pfeffer und Olivenöl zu einer Sauce rühren. Bis auf 1 Esslöffel mit den vorbereiteten Zutaten mischen. Kurz durchziehen lassen.
7 Inzwischen den Blattsalat waschen. Zwei Teller damit auslegen und mit der restlichen Sauce beträufeln. Den Gemüse-Käse-Salat darauf anrichten. Sofort servieren.

Was dazu passt: Zum Beispiel frisches Brot oder Vollkorntoast mit Butter sowie nach Belieben etwas kaltes Fleisch (z.B. Aufschnitt, Salami, Bündnerfleisch, Rohschinken).

Wintersalat

Kresse-Gemüse-Salat

Ob Kresse, Alfalfa oder Green Power – sie gehören alle zu den aromatischen Keimlingssalaten, die es heute küchenfertig zu kaufen gibt. Ebenfalls geeignet für diesen appetitanregenden Vitaminspender sind je nach Saison Brunnenkresse oder Portulak.

20 Minuten

100 g Kresse oder Green Power (evtl. gemischt)
2 Karotten
2 zarte Zweige Stangensellerie
1 hart gekochtes Ei
2 Esslöffel Weissweinessig
1 Teelöffel Balsamicoessig
Salz, Pfeffer
¼ Teelöffel Senf
3 Esslöffel Öl
1–2 Esslöffel Rahm

1 Kresse oder Green Power kurz kalt spülen und gut abtropfen lassen.
2 Die Karotten schälen und in feine Streifchen raffeln.
3 Den Stangensellerie rüsten, dabei zartes Grün stehen lassen. Das Gemüse in dünne Scheibchen schneiden.
4 Das Ei schälen und in Scheiben schneiden.
5 Die beiden Essigsorten mit Salz, Pfeffer und Senf verrühren. Dann Öl und Rahm beifügen. Die Hälfte der Sauce mit den Karotten und dem Stangensellerie mischen.
6 Den Gemüsesalat auf Tellern anrichten. Kresse oder Green Power dekorativ darauf geben, mit der restlichen Sauce beträufeln und mit Eischeiben garnieren. Sofort servieren.

Was dazu passt: Zum Beispiel Kräuterbutterbrötchen: 2–4 Pariserbrotscheiben mit etwas gekaufter Kräuterbutter bestreichen und in der Mitte des 230 Grad heissen Ofens kurz rösten. Auch andere Buttermischungen (z.B. mit Knoblauch oder Chili) können auf diese Weise verwendet werden.

Avocadosalat mit Mozzarella

Eine würzige Sauce mit Streifen von getrockneten Tomaten – man kann sie auch hacken – begleitet die in Scheiben aufgeschnittenen Avocados. Nur wenn diese ausgereift sind, d.h. wenn sie sich auf Fingerdruck schön weich anfühlen, entwickeln sie ihr rahmig-nussiges Aroma. Reife Früchte können 6–10 Tage im Kühlschrank aufbewahrt werden.

15 Minuten

1 reife Avocado
½ Zitrone
1 Mozzarella (ca. 125 g)
6 getrocknete, in Öl eingelegte Tomaten
Salz, schwarzer Pfeffer
3 Esslöffel Olivenöl
2 Zweige glattblättrige Petersilie oder Basilikum

1 Die Avocado der Länge nach halbieren und den Stein entfernen. Die Fruchthälften schälen und in Scheiben schneiden. Den Saft der Zitrone auspressen. Mit etwa ⅓ des Saftes die Avocadoscheiben beträufeln.

2 Den Mozzarella ebenfalls in Scheiben schneiden. Abwechselnd mit den Avocadoscheiben auf zwei Tellern anrichten.

3 Die abgetropften getrockneten Tomaten in feine Streifchen schneiden.

4 Den restlichen Zitronensaft, Salz, Pfeffer und Olivenöl zu einer Sauce

Avocadosalat mit Mozzarella
Kresse-Gemüse-Salat (oben)

Marinierter Broccoli und Blumenkohl

verrühren. Die Tomatenstreifen beifügen. Die Sauce über die Salatzutaten verteilen. Mit Petersilien- oder Basilikumblättern garnieren.

Was dazu passt: Zum Beispiel frisches Pariserbrot, um am Schluss die Olivenölsauce aufzutunken. Auch eine italienische Focaccia, eine Art Fladenbrot, oft gewürzt mit Rosmarin oder gehackten Oliven, ist ein origineller Begleiter.

Marinierter Broccoli und Blumenkohl

Broccoli ist eng verwandt mit dem Blumenkohl; man könnte ihn auch als edlen Bruder bezeichnen. Die beiden Gemüse werden für diese attraktive Vorspeise in einem Sud aus Weisswein, Zitronensaft, Knoblauch und Kräutern gegart. Auch Fenchelhälften oder -viertel, Stangenselleriestücke oder kleine ganze Frühlingszwiebeln mitsamt schönem Grün können auf diese Weise zubereitet und als Vorspeise serviert werden.

30 Minuten

2 Knoblauchzehen
½ Zitrone
¼ l Weisswein
4 Lorbeerblätter
4 Thymianzweige
je ca. 250 g Broccoli und Blumenkohl
2–3 Esslöffel Olivenöl
Salz, schwarzer Pfeffer aus der Mühle
4–6 schwarze Oliven

1 Den Knoblauch schälen und in feine Scheibchen schneiden. Den Saft der Zitrone auspressen. Beide Zutaten mit dem Weisswein, den Lorbeerblättern und den Thymianzweigen in eine eher weite Pfanne geben. Zugedeckt auf kleinem Feuer 10 Minuten leicht kochen lassen.

2 Inzwischen den Broccoli und den Blumenkohl rüsten und in Röschen teilen.

3 Das Gemüse in den Sud geben und zugedeckt 5–8 Minuten knackig garen. Mit einer Schaumkelle herausheben und auf einer Platte anrichten.

4 Den Sud auf etwa 50 ml einkochen lassen. Dann das Olivenöl unter rühren und die Sauce mit Salz und Pfeffer abschmecken. Noch heiss über das Gemüse träufeln.

5 Die Oliven entsteinen, in Scheiben oder Streifen schneiden und unter das Gemüse mischen. Lauwarm oder kalt, aber nie aus dem Kühlschrank servieren.

Was dazu passt: Zu einer Mahlzeit wird das Gericht, wenn man Rohschinken, Hobelfleisch oder Mortadella sowie in Viertel geschnittene gekochte Eier dazu serviert.

Sommerlicher Gemüsesalat mit Joghurt

Ein kühler, nahöstlich inspirierter Salat, der ohne Weiteres eine leichte Mahlzeit sein kann. Nach Belieben kann man die Gurke durch eine kleine, zarte Zucchini ersetzen; auch in Streifen geschnittene Peperoni (Paprika) passen gut dazu.

20 Minuten

1 Becher Joghurt nature (180 g)
2 Esslöffel Crème fraîche
1 Esslöffel Zitronensaft
1 Esslöffel Olivenöl
¼ Teelöffel Korianderpulver
1 Prise Cayennepfeffer
Salz, schwarzer Pfeffer aus der Mühle
1 Knoblauchzehe
1 Bund glattblättrige Petersilie
4 Minzblättchen
2 kleine Frühlingszwiebeln
½–1 Salatgurke, je nach Grösse (ca. 250 g)

Sommerlicher Gemüsesalat mit Joghurt

2–3 mittgrosse Tomaten
1 reife Avocado
nach Belieben 4 eingelegte grüne oder rote Pfefferschoten aus dem Glas

1 Joghurt, Crème fraîche, Zitronensaft, Olivenöl, Koriander, Cayennepfeffer, Salz und Pfeffer zu einer Sauce verrühren. Den Knoblauch schälen und dazupressen.
2 Petersilie und Minze grob hacken.
3 Die Frühlingszwiebeln mitsamt schönem Grün rüsten und schräg in Scheiben oder Ringe schneiden.
4 Die Gurke schälen, der Länge nach halbieren, nach Belieben entkernen und in Scheiben schneiden.
5 Die Tomaten waschen und in Spalten schneiden.
6 Die Avocado schälen, halbieren, den Stein entfernen und das Fruchtfleisch in Scheiben schneiden.

7 Alle vorbereiteten Gemüse sowie die Kräuter zur Joghurtsauce geben, mischen und wenn nötig nachwürzen.
8 Zum Servieren den Salat auf Tellern anrichten und nach Belieben mit jeweils 2–3 Pfefferschoten garnieren.

Was dazu passt: Originelle Beilage ist orientalisches Fladenbrot, das man nach Belieben kurz im Backofen aufwärmt. Man kann das Fladenbrot auch mit dem Salat füllen und aus der Hand essen. Fladenbrot ist in grossen Lebensmittelgeschäften oft vorgebacken erhältlich und muss vor dem Servieren nur noch aufgebacken werden.

Römischer Lattichsalat

Der Lattich, auch Römersalat genannt, ist eng verwandt mit dem Kopfsalat; seine Blätter sind allerdings knackiger und kräftiger. Er ist unentbehrlicher Bestandteil jedes italienischen Salats, und die Franzosen lieben ihn gekocht als würziges Blattgemüse.

15 Minuten

1 kleiner Lattich
1 Scheibe Toastbrot
1 Knoblauchzehe
1 Esslöffel Olivenöl
2 Esslöffel Essig
½ Teelöffel Senf
Salz, Pfeffer
3–4 Esslöffel Olivenöl
1 gehäufter Esslöffel frisch geriebener Parmesan

1 Den Lattich rüsten, die Blätter auslösen, gründlich kalt waschen und in Streifen schneiden.
2 Das Toastbrot klein würfeln. Den Knoblauch schälen.
3 In einer kleinen Pfanne das Olivenöl erhitzen. Die Brotwürfelchen hineingeben und golden braten. Zuletzt den Knoblauch dazupressen.
4 Essig, Senf, Salz, Pfeffer, Olivenöl und Parmesan zu einer Sauce verrühren. Über den Lattich geben und den Salat gut mischen. Auf Tellern anrichten und die Brotwürfelchen darüber streuen.

Was dazu passt: Dieser einfache, aber würzige Salat ist auch eine köstliche Beilage zu kurz gebratenem oder grilliertem Fleisch.

Zuckermais-Gemüse-Salat

In der Saison – vom Sommer bis in den Herbst hinein – kann dieser Salat auch aus frischen Maiskolben zubereitet werden. Je nachdem ob man ihn als Vorspeise oder Hauptgericht serviert, rechnet man mit ½ bis 1 Maiskolben pro Person. Man löst den Kolben aus den Blatthüllen, schneidet den Stielansatz flach, stellt ihn auf die Arbeitsfläche und schneidet mit einem grossen Messer rundum die Maiskörner vom Kolben. Anschliessend die Maiskörner mit 2–3 Esslöffeln

Römischer Lattichsalat

Wasser etwa 5 Minuten dünsten. Nach Belieben kann man auch eine kleine, ungeschälte, fein gewürfelte Zucchini mitgaren.

20 Minuten

2 mittelgrosse Tomaten
1 rote Peperoni (Paprika)
8 grüne, mit Paprika gefüllte Oliven
1 Dose Maiskörner
½ Peperoncino (italienische Pfefferschote)
½ Bund glattblättrige Petersilie
1 kleine Knoblauchzehe
1 Esslöffel Zitronensaft
1 Esslöffel Weissweinessig
½ Teelöffel Senf
1 gehäufter Esslöffel Mayonnaise
3 Esslöffel Olivenöl
Salz, Pfeffer

1 Die Tomaten waschen und den Stielansatz herausschneiden Die Früchte in Schnitze schneiden.

2 Die Peperoni waschen, halbieren, entkernen und in Würfelchen schneiden.

3 Die Oliven in feine Scheibchen schneiden.

4 Die Maiskörner gut abtropfen lassen. Mit den vorbereiteten Zutaten in eine Schüssel geben.

5 Den Peperoncino entkernen. Zuerst der Länge nach in Streifchen, dann diese in kleine Würfelchen schneiden. Die Petersilie hacken. Beides zusammen mit der geschälten und durchgepressten Knoblauchzehe, dem Zitronensaft, dem Essig, dem Senf, der Mayonnaise, dem Öl sowie Salz und Pfeffer zu einer Sauce rühren. Über den Salat geben und alles sorgfältig mischen. Auf Tellern anrichten und nach Belieben garnieren.

Zuckermais-Gemüse-Salat

Was dazu passt: Originell sind als Beilage Tortilla-Chips, mit denen man den Salat auch ausgarnieren kann. Mit Salami, Trockenfleisch, Aufschnitt und/oder Käse serviert, wird er zu einer vollwertigen Salatmahlzeit.

Chicoréeschiffchen

Nordische Sauermilch, die für die Füllung der Salatblätter verwendet wird, ist nahe verwandt mit dem Joghurt, schmeckt jedoch milder. Man kann sie auch durch diesen ersetzen, sollte dann jedoch 1 Esslöffel Crème fraîche beifügen, damit die Sauce feiner wird. Für eine fleischlose Vorspeise ersetzt man den Schinken durch etwas mehr Gemüse.

20 Minuten

2 dünne Scheiben gekochter Schinken
½ kleine rote Peperoni (Paprika)
¼–⅓ Salatgurke, je nach Grösse
½ kleine Gewürzgurke
½ Bund Petersilie
150 ml nordische Sauermilch
Salz, Pfeffer
1 grosser weisser Chicorée

1 Den Fettrand des Schinkens entfernen. Den Schinken in kleine Vierecke schneiden.
2 Die Peperoni entkernen und klein würfeln.
3 Die Gurke schälen, der Länge nach halbieren, entkernen und ebenfalls klein würfeln.
4 Die Gewürzgurke und die Petersilie fein hacken.
5 Alle vorbereiteten Zutaten mit der Sauermilch mischen, mit Salz und Pfeffer abschmecken.
6 6–8 Chicoréeblätter auslösen und bergartig mit der Schinken-Gemüse-Masse füllen. Auf Tellern anrichten.

Was dazu passt: Gut schmeckt mit Butter bestrichener Pumpernickel als Beilage. Pumpernickel gibt es auch in Form kleiner Taler zu kaufen, die sehr dekorativ aussehen.

Bohnen-Tomaten-Salat mit Parmesan

Das Auge isst mit: Dieser Salat aus Bohnenkernen wurde in ausgehöhlten Tomaten angerichtet, was sehr dekorativ aussieht. Ebenso gut schmeckt der Salat jedoch auch, wenn man die Tomaten entkernt, klein würfelt und unter die Bohnen mischt; in diesem Fall braucht es nur 2–3 Tomaten. Der Salat ist in der rezeptierten Menge eine leichte Mahlzeit für 2 oder eine Vorspeise für 4 Personen.

20 Minuten

1 Dose grosse weisse Bohnen nature
4 feste Tomaten
Salz, Pfeffer
2 Knoblauchzehen
1 Esslöffel Rotweinessig
1 Esslöffel Balsamicoessig
Salz, Pfeffer
1 Teelöffel Thymianblättchen
4 Esslöffel Olivenöl
25 g Parmesan am Stück

1 Die Bohnenkerne in ein Sieb abschütten und unter kaltem Wasser gründlich spülen. Gut abtropfen lassen.
2 Die Tomaten waschen und je einen Deckel abschneiden. Die Deckel nach Belieben in kleine Würfelchen schneiden; man kann sie jedoch auch ganz lassen und am Schluss dekorativ aufsetzen.
3 Das Innere von 2 Tomaten herauskratzen und beiseite stellen. Die restlichen Tomaten ebenfalls aushöhlen, das Innere jedoch wegwerfen. Alle ausgehöhlten Tomaten innen mit Salz sowie Pfeffer würzen und zum Abtropfen mit der Öffnung nach unten auf ein Kuchengitter geben.
4 Den Knoblauch schälen und fein hacken.
5 Das beiseite gelegte Tomateninnere durch ein Sieb streichen. Mit dem Knoblauch, den beiden Essigsorten, Salz und Pfeffer, Thymianblättchen und Öl zu einer Sauce rühren. Die Bohnen sowie die gewürfelten Tomatendeckel untermischen.
6 Die Tomaten bergartig mit dem Bohnensalat füllen. Den Parmesan auf einem Gemüsehobel in hauchdünne Scheiben oder mit dem Sparschäler in Späne schneiden. Auf die Tomaten geben beziehungsweise über den Salat verteilen.

Was dazu passt: Sehr gut schmeckt frisch geröstetes Knoblauchbrot; dieses kann man übrigens als praktischen Vorrat tiefgekühlt kaufen.

Chicoréeschiffchen
und Bohnen-Tomaten-Salat
mit Parmesan

Tatar von geräuchertem Forellenfilet

Das Konservieren von Fisch durch Räuchern ist eine alte Methode, bei der die Fische ein ganz eigenes Aroma erhalten, das von mild bis kräftig variieren kann. Nicht nur Lachs ist eine beliebte Räucherspezialität, sondern auch die nahe verwandten Forellen schmecken geräuchert ausgezeichnet; und weil sie nahezu fettfrei sind, sind sie erst noch leichter als Lachs. In diesem Rezept werden sie, gemischt mit etwas fein geschnittenem Gemüse, zu einem Tatar. Ob man das Gericht wie ein traditionelles Tatar auf dem Teller anrichtet oder geröstete Brotscheiben damit belegt wie auf dem Foto, spielt keine Rolle – schmecken tut's in jedem Fall!

25 Minuten

2 geräucherte Forellenfilets
1 mittelgrosse Tomate
1 kleine Frühlingszwiebel
¼ Salatgurke
½ Bund Schnittlauch
2 gehäufte Esslöffel Crème fraîche
1 Teelöffel Meerrettichpaste aus dem Glas oder der Tube
Salz, schwarzer Pfeffer aus der Mühle
2–3 Esslöffel Rahm
2 Scheiben magerer Bratspeck

1 Die Forellenfilets in kleine Würfel schneiden.
2 Die Tomate quer halbieren, entkernen und so klein wie möglich würfeln.
3 Die Frühlingszwiebel rüsten, dabei schöne Stängelteile stehen lassen. Weisses und Grün fein hacken.

4 Die Gurke schälen, der Länge nach halbieren, entkernen und in kleinste Würfelchen schneiden.
5 Den Schnittlauch in Röllchen schneiden.
6 Crème fraîche und Meerrettichpaste verrühren. Alle vorbereiteten Zutaten beifügen und sorgfältig untermischen.
7 Den Rahm steif schlagen. Unter das Tatar ziehen und dieses mit Salz und Pfeffer abschmecken.
8 Die Speckscheiben halbieren oder dritteln. In einer beschichteten Bratpfanne im eigenen Fett knusprig rösten.
9 Zum Servieren das Forellentatar nach Belieben auf geröstetes Weissbrot häufen oder mit Löffeln zu Nocken formen und auf Teller setzen. Mit dem Speck garnieren.

Was dazu passt: Zum Beispiel ein Nüssli- (Feld-) oder Friséesalat an einer Balsamicosauce.

Fischsalat mit Lauch und Cherrytomaten

Tatar von geräuchertem Forellenfilet

Fischsalat mit Lauch und Cherrytomaten

Einfach, aber raffiniert: Fisch wird minutenschnell gebraten und auf einem kleinen Gemüsesalat angerichtet. Wer Lauch nicht mag, ersetzt ihn durch in dünne Stängelchen geschnittene Zucchini oder Kohlrabi, die beide kurz vorgegart oder gebraten werden müssen.

20 Minuten

150 g Fischfilets, enthäutet und entgrätet (z.B. Rotzunge, Seezunge, Egli oder Lachsforelle)
Saft von ½ Zitrone
Salz, schwarzer Pfeffer aus der Mühle
1 mittelgrosse Stange Lauch
8–10 Cherrytomaten
Salz
75 g Champignons
½ Bund Estragon oder Basilikum
1 Esslöffel Estragon- oder Weissweinessig
1 Teelöffel milder Senf
schwarzer Pfeffer aus der Mühle
3 Esslöffel Olivenöl und etwas Olivenöl zum Braten

1 Die Fischfilets in breite Streifen schneiden. Mit etwa ⅔ des Zitronensaftes beträufeln und mit Salz sowie Pfeffer würzen. Kurz ziehen lassen.
2 Den Lauch rüsten, dabei dunkelgrüne Teile wegschneiden. Den Lauch schräg in Ringe schneiden. In nicht zu viel kochendem Salzwasser nur gerade knapp 1 Minute überbrühen; dadurch nimmt man dem Lauch seine Schärfe. Abschütten und kalt abschrecken.
3 Die Cherrytomaten je nach Grösse halbieren oder vierteln und leicht salzen.

4 Die Champignons rüsten und in feine Scheibchen schneiden. Sofort mit dem restlichen Zitronensaft mischen.
5 Den Estragon oder Basilikum in Streifen schneiden.
6 Essig, Senf, Salz, Pfeffer und Olivenöl zu einer Sauce rühren. Die Hälfte des Estragons oder Basilikums beifügen. Lauch, Tomaten und Champignons mit der Sauce mischen.
7 In einer beschichteten Bratpfanne etwas Olivenöl erhitzen. Die Fischfilets hineingeben und je nach Dicke auf jeder Seite 1–1½ Minuten braten. Am Schluss die restlichen Kräuter beifügen. Die Fischfilets auf dem Salat anrichten.

Was dazu passt: Frisches Pariserbrot oder warmes Blätterteiggebäck.

Überbackene Zwiebelsuppe

Ein Suppenklassiker, der nicht viel Arbeit macht: Vorbereitet ist die Suppe im Handumdrehen, und kochen tut sie von alleine! Anstelle der Käsebrötchen, mit denen man die fertige Suppe überbackt, kann man diese auch am Tisch dick mit geriebenem Greyerzer bestreuen.

30 Minuten

200 g Zwiebeln
2 Esslöffel Butter
1 gestrichener Esslöffel Mehl
½ l Bouillon
½ Teelöffel getrocknete Thymianblättchen
Salz, Pfeffer
4 Scheiben Pariserbrot
1 Esslöffel Butter
40 g geriebener Greyerzer

Überbackene Zwiebelsuppe

Currysuppe mit Poulet und Reis (oben links)
Zucchinisuppe (oben rechts)
Maisgriesssuppe (unten)

1 Die Zwiebeln schälen, halbieren und in dünne Streifen schneiden.
2 Die Hälfte der Butter in einem Topf schmelzen. Die Zwiebeln hineingeben und unter Wenden glasig dünsten.
3 Das Mehl über die Zwiebeln streuen und kurz mitdünsten. Mit der Bouillon ablöschen. Die Suppe zugedeckt etwa 15 Minuten leise kochen lassen; je länger man sie auf dem Feuer lässt, desto sämiger wird sie. Mit Thymian, Salz und Pfeffer abschmecken.
4 Inzwischen den Backofen auf 230 Grad vorheizen.
5 In einer Bratpfanne die restliche Butter schmelzen. Die Brotscheiben darin beidseitig golden rösten.
6 Die heisse Suppe in Portionentassen oder -teller füllen und die Brotscheiben darauf legen. Dick mit Greyerzer bestreuen.
7 Die Suppe sofort auf der mittleren Rille des 230 Grad heissen Backofens überbacken, bis der Käse geschmolzen ist.

Was dazu passt: Vor oder nach dieser rustikalen Suppe kann ein kleiner Salatteller serviert werden.

Maisgriesssuppe

Eine Suppe, die sich aus dem Vorrat zubereiten lässt: Das Gemüse kann nach Belieben variiert oder auch weggelassen werden, die restlichen Zuaten sind in jedem Haushalt vorhanden.

20 Minuten

1 kleine Karotte
1 kleines Stück Knollensellerie
1 kleines Stück Lauch
1 Schalotte oder kleine Zwiebel
20 g Butter
40 g feiner Maisgriess
½ l Bouillon
½ Bund Petersilie
2 Esslöffel Crème fraîche oder Vollrahm
Salz, schwarzer Pfeffer

1 Die Karotte und den Sellerie schälen und klein würfeln oder – was noch schneller geht – an der Gemüseraffel fein reiben.
2 Den Lauch rüsten und in dünne Ringe schneiden.
3 Die Schalotte oder Zwiebel schälen und fein hacken.
4 In einem Topf die Butter schmelzen. Die vorbereiteten Zutaten darin dünsten. Dann den Maisgriess beifügen und kurz mitrösten. Mit der Bouillon ablöschen. Die Suppe zugedeckt auf kleinem Feuer 8–10 Minuten kochen lassen.
5 Inzwischen die Petersilie fein hacken.
6 Die Crème fraîche oder den Rahm sowie die Petersilie zur Suppe geben und diese mit Salz sowie Pfeffer abschmecken.

Was dazu passt: Soll die Suppe eine kleine Mahlzeit sein, passen Knäckebrot oder salzige Vollkornbiskuits (Darvida), mit Butter bestrichen und mit Käsescheiben belegt. Auch Wienerli (Frankfurter) oder Schweinswürstchen sind eine feine Ergänzung. Man gart sie separat in Wasser; nach Belieben in Rädchen schneiden und am Schluss in die fertige Suppe geben.

Currysuppe mit Poulet und Reis

Raffiniert und dennoch unkompliziert: Eine würzige Currysuppe, deren Aroma und Schärfe man je nach verwendetem Curry variieren kann. Ersetzt man das Pouletbrüstchen durch je ½ klein gewürfelten Apfel und ½ klein gewürfelte Banane sowie die Hühner- durch Gemüsebouillon, erhält man eine ebenso feine vegetarische Variante. (Bild Seite 18/19.)

25 Minuten

1 kleine Zwiebel
1 Pouletbrüstchen
Salz, Pfeffer
30 g Butter
1 gehäufter Esslöffel milder Curry
20 g Mehl
½ l Hühnerbouillon
2 Esslöffel Parboiled-Reis
75 ml Rahm
½ Bund Schnittlauch

1 Die Zwiebel schälen und sehr fein hacken.
2 Das Pouletbrüstchen klein würfeln. Mit Salz und Pfeffer würzen. In der Hälfte der Butter kurz dünsten, ohne Farbe annehmen zu lassen. Aus dem Topf nehmen.
3 Die restliche Butter zum Bratsatz geben und die Zwiebel darin andünsten. Den Curry und das Mehl darüber stäuben und kurz mitdünsten. Unter Rühren die Bouillon dazugiessen und aufkochen. Den Reis beifügen. Die Suppe auf kleinem Feuer zugedeckt 10 Minuten kochen lassen.
4 Das Pouletfleisch wieder beifügen und alles nochmals 5 Minuten zugedeckt ziehen, jedoch nicht mehr kochen lassen.
5 Die Suppe mit dem Rahm verfeinern und nachwürzen. Am Schluss den Schnittlauch mit einer Schere über die Suppe schneiden.

Was dazu passt: Kroepoek, ein chipsähnliches Gebäck aus gemahlenen Krabben und Tapiokastärke. Es stammt aus der indonesischen Küche und ist dort so beliebt wie bei uns Kartoffelchips. Kroepoek ist in Asienläden erhältlich. Die weissen, dünnen Scheiben werden in heissem Öl ausgebacken, blähen sich dabei auf und werden knusprig. Es gibt auch bereits ausgebackene Kroepoek vakuumverpackt zu kaufen.

Fischsuppe «Grande Cuisine»

Zucchinisuppe

Das Tüpfchen auf dem i ist bei dieser Suppe der in feine Streifchen geschnittene Rauchlachs, der am Schluss über die Suppe gegeben wird. Gut schmecken als Einlage auch gekochte Crevetten, klein gewürfeltes geräuchertes Forellenfilet oder fein geschnittener Lachsschinken (Fettrand entfernen).

30 Minuten

3 mittelgrosse Zucchini
1 kleine Zwiebel
1 Knoblauchzehe
1 Esslöffel Butter
400 ml Gemüsebouillon
1 Teelöffel Zitronensaft
1 Scheibe Rauchlachs
2 Zweige frischer Dill
75 ml Crème fraîche
Salz, Pfeffer

1 Den Stielansatz der Zucchini wegschneiden. Die Früchte ungeschält der Länge nach halbieren, dann in Streifen und diese in kleine Würfel schneiden.
2 Zwiebel und Knoblauch schälen und fein hacken.
3 In einem eher weiten Topf die Butter schmelzen. Zwiebel und Knoblauch darin glasig dünsten. Die Zucchini dazugeben und kurz mitdünsten. Die Bouillon sowie den Zitronensaft beifügen. Die Suppe zugedeckt auf kleinem Feuer etwa 10 Minuten kochen lassen, bis das Gemüse weich ist.
4 Inzwischen den Rauchlachs in feine Streifchen schneiden. Den Dill abzupfen und hacken.
5 Gut ein Drittel der Zucchiniwürfel mit einer Schaumkelle herausheben und beiseite stellen. Das restliche Gemüse mit der Garflüssigkeit und der Crème fraîche im Mixer oder mit dem Stabmixer fein pürieren.
6 Die Suppe nochmals aufkochen und wenn nötig mit etwas Wasser verdünnen. Die beiseite gelegten Zucchiniwürfelchen sowie den Dill beifügen. Die Suppe mit Salz und Pfeffer abschmecken. In Tellern oder Tassen anrichten. Die Rauchlachsstreifchen darüber geben und die Suppe sofort servieren.

Was dazu passt: Grissini, die bleistiftdünnen, knusprigen italienischen Brotstängel, erhältlich in jedem italienischen Spezialitätengeschäft.

Fischsuppe «Grande Cuisine»

Eine Suppe aus der Profiküche, aber ganz einfach in der Zubereitung: Hauchdünne Fischscheibchen werden roh in vorgewärmte Teller gegeben, mit einer kochend heissen Safran-Gemüse-Suppe übergossen und dadurch gerade perfekt auf den Punkt gegart.

30 Minuten

1 kleine Stange Lauch
1 Karotte
1 Tomate
1 kleine Zwiebel
1 Knoblauchzehe
2–3 Esslöffel Olivenöl
50 ml Noilly Prat (trockener Wermut)
150 ml Weisswein
¼ l Gemüsebouillon
1 Briefchen Safran
100 g Fischfilet, z.B. St-Pierre, Loup de mer, Lachsforelle, enthäutet und entgrätet gewogen
½ Bund Kerbel
50 ml Rahm

1 Den Lauch rüsten, waschen und in zündholzgrosse Streifen schneiden. Die Karotte schälen, zuerst der Länge nach in feine Scheiben, dann diese in gleich grosse Streifchen wie den Lauch schneiden.
2 Die Tomate kurz in kochendes Wasser tauchen, schälen, quer halbieren, entkernen und klein würfeln.
3 Die Zwiebel und den Knoblauch schälen und fein hacken.
4 In einem Topf das Olivenöl erhitzen. Zwiebel, Knoblauch, Lauch und Karotte darin andünsten. Mit Noilly Prat, Weisswein und Gemüsebouillon ablöschen. Die Tomatenwürfel, den Safran, Salz sowie Pfeffer beifügen und alles auf kleinem Feuer etwa 10 Minuten kochen lassen.
5 Inzwischen die Fischfilets in hauchdünne Scheibchen schneiden; wenn nötig zwischen Klarsichtfolie flach klopfen. Die Kerbelblättchen vom Zweig zupfen.
6 Den Rahm zur Suppe geben und diese nochmals sprudelnd aufkochen. Mit Salz und Pfeffer abschmecken.
7 Die Fischscheibchen in vorgewärmte Suppenteller geben. Mit kochend heisser Suppe übergiessen und mit Kerbelblättchen bestreuen.

Was dazu passt: Zum Beispiel geröstetes Knoblauchbrot oder frisches Pariserbrot.

Mit links: **Eier- und Käsegerichte**

Formaggini mit Peperonivinaigrette

Für das Foto wurde das farbenfrohe kleine Essen mit Formaggini, kleinen italienischen oder Tessiner Frischkäslein zubereitet. Doch genauso gut eignen sich Feta, Mozzarella oder andere Frischkäsespezialitäten. Je nach Konsistenz und/oder Form schneidet man den Käse zum Servieren in Scheiben oder Würfel.

15 Minuten

Je 1 rote und gelbe Peperoni (Paprika)
je ½ Bund Petersilie und Basilikum
1 Frühlingszwiebel
1 Esslöffel Balsamicoessig
1 Esslöffel Weissweinessig
¼ Teelöffel Senf
Salz, schwarzer Pfeffer aus der Mühle
3 Esslöffel Olivenöl
2 Formaggini, nature oder mit Pfeffer (ca. 200 g)

1 Die Peperoni halbieren, entkernen und kurz unter kaltem Wasser spülen. Mit Küchenpapier trockentupfen. Die Schoten zuerst in Streifen, dann diese in Würfelchen schneiden.
2 Die Petersilie und das Basilikum fein hacken.
3 Die Frühlingszwiebel mitsamt schönem Grün ebenfalls hacken.
4 Die beiden Essigsorten, Senf, Salz, Pfeffer und Olivenöl zu einer Sauce rühren. Peperoniwürfelchen, Kräuter und Frühlingszwiebel untermischen. Die Formaggini mit der Vinaigrette dekorativ auf Tellern anrichten.

Was dazu passt: Frisches Brot (z.B. Oliven- oder Tomatenbrot), aber auch neue Kartoffeln, in der Schale gegart.

Gebackener Tomme auf Salat

Für dieses Gericht eignen sich viele Weissschimmelkäse, wie zum Beispiel Brie, Camembert oder Tomme vaudois. Je nach Grösse des Käses verwendet man ihn ganz, halbiert oder in Scheiben geschnitten. Ist das Käsestück angeschnitten, muss man darauf achten, dass dieses nicht allzu weich beziehungsweise reif ist, sonst läuft der Käse beim Braten gerne aus. (Bild Seite 24.)

30 Minuten

Salat:
ca. 100 g gemischter Blattsalat (z.B. Cicorino rosso, Eichblattsalat, Endivie, glattblättrige Petersilie), gerüstet gewogen
2 kleinere Karotten
⅓–½ Salatgurke
1 Esslöffel Baumnusskerne
1 Esslöffel Weissweinessig
1 Esslöffel Sherryessig
½ Teelöffel scharfer Senf
Salz, Pfeffer
3–4 Esslöffel Olivenöl

Käse:
1 Ei
1 Esslöffel Öl
Salz, Pfeffer
1 Esslöffel Mehl
75 g Paniermehl
2 Tommes vaudois oder 1 kleiner, nicht zu reifer Brie
1 gehäufter Esslöffel Bratbutter

1 Den Salat waschen und je nach Sorte in mundgerechte Stücke zupfen oder in Streifen schneiden.
2 Die Karotten schälen. Auf dem Gemüsehobel in Streifen schneiden oder an der Röstiraffel grob reiben.
3 Die Salatgurke nach Belieben schälen und ebenfalls in feine Scheiben schneiden.
4 Die Baumnusskerne in einer trockenen Pfanne ohne Fettzugabe rösten. Grob hacken oder zerbröseln.
5 Die beiden Essigsorten, den Senf, etwas Salz und Pfeffer sowie das Olivenöl mit einem Schwingbesen zu einer Sauce verrühren.
6 Für den Käse das Ei, das Öl sowie etwas Salz und Pfeffer in einem Suppenteller gut verquirlen. Das Mehl und das Paniermehl in zwei weiteren Tellern bereitstellen.
7 Die Tommes zuerst im Mehl wälzen, dann durch das Ei ziehen, anschliessend im Paniermehl wenden, nochmals durch das Ei ziehen und wieder im Paniermehl wälzen.
8 In einer Bratpfanne die Bratbutter erhitzen. Die Tommes bei mittlerer Hitze während 4–5 Minuten knusprig braten.
9 Inzwischen die vorbereiteten Salatzutaten (ohne Baumnusskerne) mit der Sauce mischen. Auf Tellern anrichten, die Tommes darauf setzen und alles mit den Baumnüssen bestreuen. Sofort servieren.

Was dazu passt: Zum Beispiel kleine, in Butter gebratene Schalenkartoffeln oder frisches Brot.

Formaggini mit Peperonivinaigrette

Eiersalat auf Toast

Dieser Eiersalat kann auch Bestandteil einer kalten Platte sein. Man kann ihn gut vorbereiten, sollte ihn jedoch nie direkt aus dem Kühlschrank servieren. Anstelle von Pinienkernen kann man auch Baumnüsse verwenden; diese werden nach dem Rösten grob gehackt.

20 Minuten

4 Eier
2 Esslöffel Mayonnaise
½ Becher Joghurt nature oder Sauermilch (ca. 100 g)
1 kleine Knoblauchzehe
1 Bund Schnittlauch
Salz, schwarzer Pfeffer aus der Mühle
25 g Pinienkerne
4 Scheiben Toastbrot oder halbweisses Pariserbrot

1 Die Eier mit kaltem Wasser aufsetzen und ab dem Siedepunkt 8 Minuten hart kochen. Unter kaltem Wasser abschrecken, dann schälen.
2 Inzwischen in einer kleinen Schüssel die Mayonnaise und den Joghurt verrühren. Den Knoblauch schälen und dazupressen. Den Schnittlauch mit einer Schere in Röllchen dazuschneiden. Die Sauce mit Salz und Pfeffer abschmecken.
3 Die Pinienkerne in einer trockenen Pfanne ohne Fettzugabe leicht rösten.
4 Die Eier nicht zu fein hacken. Mit zwei Dritteln der Pinienkerne zur Sauce geben und sorgfältig mischen.
5 Die Brotscheiben rösten; je nach Grösse eventuell diagonal in Dreiecke schneiden. Den Eiersalat bergartig darauf anrichten. Mit den restlichen Pinienkernen bestreuen.

Was dazu passt: Wenn man den Eiersalat auf Brot serviert, ist ein grüner Salat die ideale Beilage. Er schmeckt aber auch gut zu in der Schale gekochten neuen Kartoffeln.

Pochierte Eier an Petersiliensauce

Pochieren bedeutet, dass man eine Zutat in einem Sud langsam gar ziehen lässt; in diesem Rezept sind es rohe Eier, die man auf diese Weise zubereitet. Man sollte dazu unbedingt möglichst frische Eier wählen, damit das Eigelb in der heissen Flüssigkeit nicht auseinander läuft. Wer sich das Pochieren nicht zutraut, kann die Eier stattdessen auch in der Schale wachsweich kochen (4–5 Minuten ab Siedepunkt) und anschliessend schälen. Übrigens: Auch eine Tomatensauce oder eine Fertig-Hollandaise schmeckt gut zu den Eiern; in diesem Fall kann man sie auf Toast anrichten und mit der Sauce überziehen.

20 Minuten

3 Bund Petersilie
2 Schalotten
1 Esslöffel Butter
100 ml Rahm
Salz, Pfeffer aus der Mühle
2 l Wasser
4 Esslöffel Weissweinessig
4 sehr frische Eier

1 Die Petersilie grob hacken.
2 Die Schalotten schälen und fein hacken.
3 In einer kleinen Pfanne die Butter schmelzen. Die Schalotten unter häufigem Wenden darin 2–3 Minuten dünsten. Dann die Petersilie beifügen und sofort mit dem Rahm ablöschen. Dies ist wichtig, damit die Petersilie ihre intensiv grüne Farbe nicht verliert. Die Sauce mit Salz und Pfeffer würzen und noch einen Moment kochen lassen.
4 In einem eher weiten Topf das Wasser mit dem Essig aufkochen. Die Eier eines nach dem anderen in eine Tasse aufschlagen und langsam in den Sud gleiten lassen. Die Eier während 4–5 Minuten schwach kochen lassen, dabei zu Beginn mit einem Löffel jedes Ei so bewegen, dass das Eigelb vom Eiweiss eingehüllt wird. Sorgfältig herausheben.

Pochierte Eier an Petersiliensauce

5 Die Petersiliensauce in vorgewärmten tiefen Tellern anrichten und die Eier darauf setzen. Sofort servieren.

Was dazu passt: Zum Beispiel Salzkartoffeln oder Trockenreis.

Gebackener Tomme auf Salat und Eiersalat auf Toast (hinten)

Schinken-Käse-Rollen

Dieses gefüllte Blätterteiggebäck ist nicht nur ein unkompliziertes kleines Essen, sondern lässt sich auch sehr gut zu einem Glas Wein oder Bier aus der Hand essen. Die Rollen können bereits am Vorabend bis aufs Backen zubereitet werden. Anstelle der Mischung von Schwarzkümmel und Sesam kann man die Rollen auch mit Mohn bestreuen.

30 Minuten

Ca. 200 g Blätterteig
80 g Raclettekäse
4 Scheiben Schinken
1 Eiweiss
1 Eigelb
je 1 Esslöffel Schwarzkümmel und Sesam

1 Den Blätterteig auf der leicht bemehlten Arbeitsfläche dünn aus wallen. In 4 Rechtecke von je etwa 10 x 15 cm schneiden.
2 Den Raclettekäse in 4 Scheiben schneiden. Jedes Blätterteigstück mit je einer Scheibe Schinken und Käse belegen. Die Teigränder mit Eiweiss bestreichen und den Teig von der kürzeren Seite her aufrollen. Mit der Nahtseite nach unten auf ein mit Backpapier belegtes Blech geben.
3 Die Rollen mit einem scharfen Messer zickzackförmig leicht einritzen. Mit Eigelb bestreichen. Schwarzkümmel und Sesam mischen und das Gebäck damit bestreuen.
4 Die Schinken-Käse-Rollen im auf 200 Grad vorgeheizten Ofen auf der zweituntersten Rille während etwa 20 Minuten goldbraun backen. Heiss oder lauwarm servieren.

Was dazu passt: Neben gemischtem Blattsalat im Winter auch ein Karotten- oder Randensalat, im Sommer ein Gurken- oder Tomatensalat.

Mozzarellatoast

Dünn geschnittene Mozzarellascheiben werden zwischen zwei Scheiben Toastbrot geklemmt, in verquirltem Ei gewendet und golden ausgebacken – in Italien ein Klassiker unter den Toastzubereitungen. Man kann den Toast übrigens auch mit vielen anderen Käsesorten füllen. Gut schmeckt zum Beispiel dünn aufgeschnittener Gorgonzola, den man mit Parmaschinkenscheiben zwischen die Brotscheiben gibt.

20 Minuten

4 Scheiben Toastbrot
100 g Mozzarella
1 gestrichener Esslöffel Mehl
1 Ei
1 Eigelb
Salz
Bratbutter zum Backen

1 Die Brotscheiben entrinden. Den Mozzarella in dünne Scheiben schneiden. Zwei der Brotscheiben mit dem Käse belegen, dabei rundum einen schmalen Rand frei lassen. Mit den beiden anderen Toastscheiben bedecken und diese mit dem Handballen leicht andrücken. Die Brotränder zuerst mit wenig kaltem Wasser anfeuchten, dann leicht ins Mehl stupfen. Zwischen zwei Fingern gut zusammendrücken, so dass die Brotscheiben verschlossen werden und der Käse beim Backen nicht auslaufen kann.

2 In einer kleineren flachen Schüssel Ei und Eigelb verquirlen und leicht salzen. Die Brote hineinlegen und etwa 5 Minuten ziehen lassen. Dann sorgfältig wenden und sie weitere 5 Minuten sich mit Ei vollsaugen lassen.

3 Reichlich Bratbutter erhitzen. Die Mozzarellatoasts darin von beiden Seiten goldbraun backen. Auf Küchenpapier abtropfen lassen. Nach Belieben die Toasts diagonal halbieren und möglichst heiss servieren.

Was dazu passt: Ein würziger Rucola-Cherrytomaten-Salat oder Friséesalat.

Käse-Paprika-Toast (links) und Mozzarellatoast (rechts)

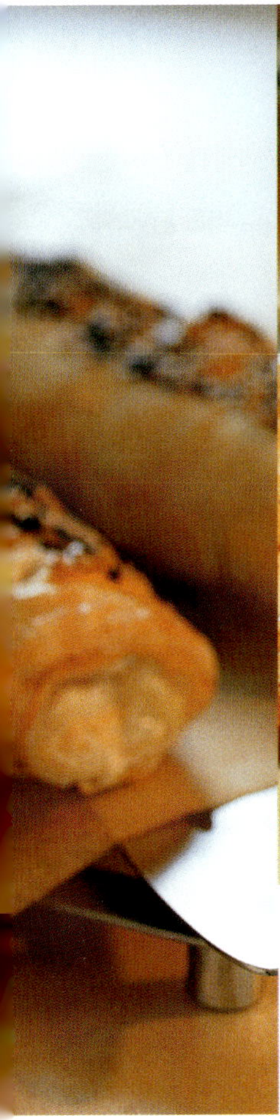

Schinken-Käse-Rollen

KÄSE-PAPRIKA-TOAST

Kein Gewürz passt so gut zu Käse wie Paprika. Für dieses kleine Gericht sollte man wenn möglich eine milde, edelsüsse Sorte verwenden. Anstatt den Käsebelag mit Paprika zu bestreuen, kann man der Mischung auch 1 Esslöffel grob gehackte eingelegte grüne Pfefferkörner beifügen.

15 Minuten

100 g geriebener Greyerzer oder Käsekuchen-Mischung
2 Eigelb
1 Esslöffel Weisswein oder Bier
schwarzer Pfeffer aus der Mühle
frisch geriebene Muskatnuss
4 Toastbrotscheiben
1 Teelöffel edelsüsser Paprika

1 Den Backofen auf 230 Grad vorheizen.

2 Den Käse mit den Eigelben und dem Wein oder Bier mischen. Die Masse mit Pfeffer und Muskat pikant abschmecken.

3 Die Brotscheiben im Toaster oder auf einem Blech im heissen Ofen nur leicht anrösten.

4 Die Brote mit der Käsemasse bestreichen und grosszügig mit Paprika bestreuen. Auf ein Blech geben.

5 Die Toasts in der Mitte des Ofens bei 230 Grad während 6–8 Minuten golden überbacken. In Dreiecke schneiden und heiss servieren.

Was dazu passt: Ein Blatt- oder Gurkensalat.

Pizzagratin

Der beste Beweis dafür, dass man auch aus Halbfertig- und Konservenprodukten Feines zubereiten kann: Kartoffelstock (-püree) aus Flocken zubereitet wird zum Boden dieser «Pizza», die mit Tomaten aus der Dose, Mozzarella und Speck belegt wird. Selbstverständlich sind in Sachen Belag der Phantasie keine Grenzen gesetzt!

30 Minuten

400 ml Wasser
20 g Butter
2 Portionen Kartoffelstockflocken (à je 43 g)
Salz, Pfeffer, Muskatnuss
400 g Dosentomaten (Pelati)
2–3 Zweige Oregano oder ½ Teelöffel getrocknete Kräuter
1 Mozzarella (ca. 150 g)
6 magere Bratspeckscheiben

1 Den Backofen auf 200 Grad vorheizen.
2 Wasser und Butter in einen Topf geben und aufkochen. Die Kartoffelstockflocken hineingeben und alles kräftig durchrühren. Vom Feuer nehmen. Den Kartoffelstock mit Salz, Pfeffer und Muskat würzen.
3 Eine Gratinform grosszügig ausbuttern und den Kartoffelstock hineingeben, dabei einen Rand bilden.
4 Die Dosentomaten gut abtropfen lassen (der Saft wird nicht verwendet, z.B. zum Aperitif geniessen!), in grobe Stücke schneiden, auf dem Kartoffelstock verteilen und mit wenig Salz und Pfeffer würzen.
5 Den Oregano fein hacken. Über die Tomaten geben.
6 Den Mozzarella in Scheiben schneiden. Die Speckscheiben halbieren. Beide Zutaten auf dem Gratin verteilen.
7 Den Pizzagratin auf der zweituntersten Rille im 200 Grad heissen Ofen etwa 20 Minuten backen.

Was dazu passt: Eine grosse Schüssel Kopfsalat.

Gebackene Eier in Tomatensauce

Dieses Gericht lässt sich mit den verschiedensten Zutaten bereichern und ist ideal für die Restenverwertung: So kann man zum Beispiel zusammen mit der Tomatensauce auch Gemüse-, Teigwaren- oder Käsereste in die Form schichten. Gut schmecken auch Schalenkartoffeln, die man klein würfelt, kurz brät und auf den Boden der Form gibt.

Pizzagratin

25 Minuten

1 mittelgrosse Zwiebel
1 Knoblauchzehe
2 Esslöffel Olivenöl
400 g gehackte Dosentomaten (Pelati)
1 Esslöffel Tomatenpüree
½ Teelöffel getrockneter Oregano
Salz, Pfeffer
4 Eier

1 Die Zwiebel und den Knoblauch schälen und fein hacken.
2 Das Olivenöl erhitzen. Zwiebel und Knoblauch darin andünsten. Die Tomaten, das Tomatenpüree und den Oregano beifügen. Alles in der offenen Pfanne während 8–10 Minuten dicklich einkochen lassen. Erst am Schluss mit Salz und Pfeffer kräftig würzen.
3 Inzwischen den Backofen auf 200 Grad vorheizen.
4 Die Tomatensauce in eine ausgebutterte Gratinform oder feuerfeste Portionenschalen verteilen. Mit einem Löffel vier Mulden in die Sauce drücken. Jeweils ein Ei aufschlagen und sorgfältig in die Vertiefung gleiten lassen.
5 Die Eier in der Mitte des heissen Ofens bei 200 Grad während 10–12 Minuten backen. Vor dem Servieren mit Salz und Pfeffer würzen.

Was dazu passt: Zum Beispiel kleine, in Butter gebratene Schalenkartoffeln oder ein Weissweinrisotto.

Gebackene Eier in Tomatensauce

Spinat-Zucchini-Frittata

Spinat-Zucchini-Frittata

Diese italienische Spezialität ist eigentlich eine dicke Omelette, die zuletzt wie ein Kuchen im Ofen kurz gebacken und zum Servieren in Stücke geschnitten wird. Das Gemüse kann je nach Saison beliebig variiert werden. Gute Kombinationen sind: Peperoni/Tomaten, Broccoli/Blumenkohlröschen, Lauch/Karotten, Kohl/Zwiebeln. (Bild Seite 29.)

30 Minuten

200 g frischer Spinat
250 g Zucchini
1 kleine Zwiebel
1 Knoblauchzehe
½ Bund glattblättrige Petersilie
2–3 Zweige Thymian
2 Esslöffel Butter
Salz, schwarzer Pfeffer aus der Mühle
3 Eier
3 Esslöffel Rahm
etwas frisch geriebene Muskatnuss

1 Den Spinat gründlich waschen. Tropfnass in eine Pfanne geben und unter Wenden nur gerade zusammenfallen lassen. In ein Sieb abschütten und gut ausdrücken. Grob hacken.
2 Die Stielansätze der Zucchini entfernen und die Früchte ungeschält in Scheiben schneiden.
3 Zwiebel und Knoblauch schälen und fein hacken. Die Petersilie ebenfalls hacken. Die Thymianblättchen von den Zweigen zupfen.
4 Den Backofen auf 220 Grad vorheizen.
5 In einer beschichteten Bratpfanne die Hälfte der Butter erhitzen. Die Zucchini beifügen, leicht würzen und unter gelegentlichem Wenden 5 Minuten braten.
6 Die Zwiebel, den Knoblauch, die Petersilie und den Thymian beifügen und 2–3 Minuten mitbraten. Am Schluss den Spinat untermischen.
7 Während die Zucchini braten, die Eier und den Rahm mit Salz, Pfeffer und Muskat verquirlen.
8 Die restliche Butter zum Gemüse in die Pfanne geben, die Eiermasse darüber geben und diese zugedeckt bei mittlerer Hitze etwa 5 Minuten stocken lassen. Die Omelette soll innen noch sehr feucht sein. Auf eine feuerfeste Platte gleiten lassen.
9 Die Frittata sofort in der Mitte des heissen Ofens bei 220 Grad während 8–10 Minuten fertig backen.

Was dazu passt: Nach Belieben eine Tomatensauce und/oder frisches Brot.

Tomatenomelette

Auf die gleiche Weise kann man auch eine Spinat- oder Champignonomelette zubereiten. Dazu braucht man 500 g Pilze oder die gleiche Menge frischen oder etwa 300 g tiefgekühlten Blattspinat.

30 Minuten

2 grosse Fleischtomaten
1 mittelgrosse Zwiebel
1 Knoblauchzehe
2 Esslöffel Butter
Salz, schwarzer Pfeffer aus der Mühle
4 Eier
2–3 Esslöffel Milch oder Rahm

1 Die Tomaten kurz in kochendes Wasser tauchen, kalt abschrecken, schälen, quer halbieren, entkernen und in kleine Würfel schneiden.
2 Die Zwiebel und die Knoblauchzehe schälen und fein hacken.
3 Die Hälfte der Butter erhitzen. Die Zwiebel und den Knoblauch darin andünsten. Die Tomaten beifügen und 2–3 Minuten mitdünsten. Mit Salz und Pfeffer kräftig würzen. Auf die Seite stellen.
4 Die Eier mit der Milch oder dem Rahm, Salz sowie Pfeffer verquirlen.
5 In einer beschichteten Bratpfanne die restliche Butter schmelzen. Die Eimasse dazugiessen. Mit einer Gabel von aussen zur Mitte hin während

Tomatenomelette

Blätterteigkissen Pizzaiolo

1–1½ Minuten langsam rühren. Dann die gedünsteten Tomaten auf die Eimasse geben und die Hitze sehr klein stellen. Die Omelette zugedeckt stocken lassen; sie soll jedoch innen noch cremig weich sein.

6 Mit Hilfe eines grossen Tellers oder einer flachen Platte die Omelette wenden und noch kurz auf der zweiten Seite braten. Sofort servieren.

Was dazu passt: Zum Beispiel Salzkartoffeln und/oder ein grüner Salat.

Blätterteigkissen Pizzaiolo

Fertig ausgewallter Teig ist ein praktischer Vorrat, der sich auch tiefkühlen lässt. Zum Auftauen den Teig in der Verpackung in lauwarmes – nicht heisses! – Wasser legen, dann ist er in 20–30 Minuten zur Verwendung bereit. Für dieses kleine Gericht schneidet man ihn in Rechtecke und belegt ihn mit einer Creme aus Rahm und Tomatenpüree, frischen Tomaten, Zwiebeln, Salami sowie Mozzarella. Auch Gemüse-, Kartoffel- und Käsereste sowie Schinken eignen sich als Belag.

30 Minuten

1 Rolle rechteckig ausgewallter Blätterteig
2 Esslöffel Crème fraîche
1 Esslöffel Tomatenpüree
Salz, schwarzer Pfeffer
3 mittelgrosse Tomaten
1 mittelgrosse Zwiebel
50 g dünn geschnittene Salamischeiben
1 Mozzarella (150 g)
2 Zweige Thymian
etwas Olivenöl zum Beträufeln

1 Den Backofen auf 220 Grad vorheizen.
2 Den ausgewallten Teig in 6 Rechtecke schneiden. Auf ein mit Backpapier belegtes Blech geben.
3 Die Crème fraîche, das Tomatenpüree, etwas Salz sowie Pfeffer verrühren. Die Teigscheiben damit bestreichen.
4 Jede Tomate in 4 Scheiben schneiden. Die Zwiebel schälen und in dünne Ringe schneiden. Beides auf dem Teig verteilen und leicht würzen. Die Salamischeiben darauf geben. Den Mozzarella in dünne Scheiben schneiden, diese halbieren und die Kissen damit belegen. Die Thymianblättchen von den Zweigen zupfen und über den Mozzarella geben. Mit Pfeffer bestreuen und mit Olivenöl beträufeln.
5 Die Blätterteigkissen im heissen Ofen auf der zweituntersten Rille bei 220 Grad während 12–15 Minuten backen.

Was dazu passt: Zum Beispiel ein gemischter Salat.

Eier im Pastetchen

Pastetchen einmal anders: Als Füllung enthalten sie ein pochiertes Ei, dazu wird eine würzige Pilzsauce seviert. Wer das Pochieren von Eiern scheut, kann diese auch in der Schale weich kochen und noch heiss in die Pastetchen füllen. Für die Sauce können Pilze nach Belieben verwendet werden; man braucht insgesamt etwa 250 Gramm.

30 Minuten

8 frische Morcheln oder 100 g Eierschwämmchen
150 g Champignons
1 Schalotte
1 Esslöffel Butter
100 ml Weisswein oder Bouillon
50 ml Rahm
1 Teelöffel Mehl
½ Bund Petersilie
Salz, Pfeffer
2 vorgebackene Pastetchen
(in grossen Lebensmittelgeschäften oder beim Bäcker erhältlich)
1 l Wasser
2 Esslöffel Essig
2 möglichst frische Eier

1 Den Backofen auf 160 Grad vorheizen.
2 Die Pilze rüsten. Die Morcheln in breite Streifen, die Champignons in Scheiben schneiden.
3 Die Schalotte schälen und fein hacken.
4 In der Hälfte der Butter die Schalotte andünsten. Die Hitze höher stellen und die Pilze beifügen. Kurz mitdünsten. Weisswein oder Bouillon dazugiessen und alles 5 Minuten kochen lassen. Dann den Rahm beifügen.
5 Während die Sauce kocht, die restliche Butter und das Mehl mit einer Gabel verkneten. Die Petersilie fein hacken.
6 Am Schluss die Mehlbutter in die Sauce geben; sie soll leicht binden. Die Petersilie beifügen und mit Salz sowie Pfeffer abschmecken.
7 Die Pastetchen auf ein Blech geben und in der Mitte des heissen Ofens bei 160 Grad 5–10 Minuten aufwärmen.
8 Gleichzeitig in einem mittelgrossen Topf das Wasser mit dem Essig aufkochen. Die Eier eines nach dem anderen in eine Tasse aufschlagen und langsam in den Sud gleiten lassen.
Die Eier 4–5 Minuten schwach kochen lassen, dabei zu Beginn mit einem Löffel jedes Ei so bewegen, dass das Eigelb vom Eiweiss eingehüllt wird.
Die Eier herausheben.
9 Die Pastetchen auf vorgewärmte Teller setzen. Je ein pochiertes Ei hineingeben und mit Pilzsauce bedecken.

Was dazu passt: Ein Salat oder ein Gemüse wie zum Beispiel Blattspinat oder Erbsen und Karotten.

Eier im Pastetchen

Heissgeliebt: **Teigwaren- und Reisspezialitäten**

Tomaten-Knoblauch-Spaghetti

Es braucht nicht mehr als einige Tomaten, etwas Knoblauch, Kräuter und Olivenöl, um eines der besten Teigwarengerichte zuzubereiten. Übrigens: Das einzig Aufwändige daran ist das Schälen der Tomaten – doch dies lohnt sich, damit in der Gemüsesauce keine störenden Häutchen schwimmen!

Teigwaren mit Broccoli und Cherrytomaten

Tomaten-Knoblauch-Spaghetti

20 Minuten

2–3 grosse, feste Tomaten
Salz, schwarzer Pfeffer aus der Mühle
1 Bund glattblättrige Petersilie
3–4 Knoblauchzehen
200 g Spaghetti
75 ml Olivenöl

1 In einem grossen Topf reichlich Wasser aufkochen. Die Tomaten hineingeben, 20–30 Sekunden darin lassen, dann herausnehmen und kalt abschrecken. Das kochende Wasser salzen und beiseite stellen.
2 Die Tomaten schälen, quer halbieren, entkernen und würfeln. Mit Salz und Pfeffer würzen.
3 Die Petersilie grob hacken.
4 Den Knoblauch schälen und in Stifte schneiden.
5 Das Salzwasser nochmals aufkochen. Die Spaghetti hineingeben und bissfest garen.
6 Während die Teigwaren kochen, in einer Pfanne das Olivenöl erhitzen. Den Knoblauch beifügen und während 3–4 Minuten golden dünsten. Dann die Tomatenwürfel und die Petersilie beifügen, alles gut mischen und nur noch heiss werden lassen.
7 Die Spaghetti abschütten und gut abtropfen lassen, dann sofort mit der Knoblauchsauce mischen und servieren.

Was dazu passt: Wer möchte, gibt frisch geriebenen Parmesan oder Sbrinz über die Spaghetti. Zur Vorspeise serviert man einen Salat oder zum Beispiel die Formaggini an Peperonivinaigrette (Rezept Seite 23).

Teigwaren mit Broccoli und Cherrytomaten

Dieses Rezept eignet sich für alle Teigwarensorten, vor allem aber für die vielen Phantasieformen, die es zu kaufen gibt. Für das Foto haben wir schneckenähnliche Pasta verwendet, in Italien Lumache oder Chiocciole genannt. Es gibt sie in verschiedenen Grössen; die kleineren verwendet man vor allem für Suppen.

25 Minuten

200 g Cherrytomaten
Salz
1 Frühlingszwiebel
50 g Champignons
1 grosser Kopf Broccoli
200–250 g Lumache oder andere Teigwaren
2–3 Esslöffel Olivenöl
100 ml Gemüsebouillon
4 Zweige Basilikum
2–3 Zweige Petersilie
2–3 Esslöffel Rahm
schwarzer Pfeffer aus der Mühle

1 In einem grossen Topf reichlich Wasser aufkochen.
2 Inzwischen die Cherrytomaten je nach Grösse halbieren oder vierteln. Leicht salzen.
3 Die Frühlingszwiebel mitsamt schönem Grün fein hacken.
4 Die Champignons rüsten und in Scheiben schneiden.
5 Den Broccoli in kleine Röschen teilen; den Strunk schälen, eventuell der Länge nach halbieren und in feine Scheibchen schneiden.
6 Salz in das kochende Wasser geben. Die Teigwaren beifügen und unter gelegentlichem Umrühren bissfest garen.

7 Für die Sauce das Olivenöl erhitzen. Die Frühlingszwiebel darin andünsten. Champignons und Broccoli beifügen und kurz mitdünsten. Die Bouillon dazugiessen und das Gemüse zugedeckt knackig dünsten.
8 Basilikum und Petersilie hacken.
9 Die Teigwaren abschütten und gut abtropfen lassen.
10 Den Rahm, das Basilikum, die Petersilie und die Cherrytomaten zur Gemüsesauce geben und nochmals aufkochen. Mit Salz und Pfeffer abschmecken. Zuletzt die Teigwaren sorgfältig untermischen und nur noch gut heiss werden lassen.

Was dazu passt: Zum Beispiel der römische Lattichsalat (Rezept Seite 12) oder ein anderer grüner Salat.

Safrannudeln mit Pilzen

Austernpilze sind wie Champignons Zuchtpilze. Sie sind vielseitig verwendbar und enthalten – anders als die meisten Pilze – eine besonders gut verdauliche Eiweissart. Roh sollte man Austernpilze jedoch trotzdem nicht geniessen.

20 Minuten

200 g Austernpilze oder Champignons
1 Schalotte
50 g in Öl eingelegte getrocknete Tomaten, abgetropft gewogen
50 g magere Bratspeckscheiben
4–6 Zweige Thymian
Salz
150 g dünne Nudeln oder Spaghetti
2 Esslöffel Butter
schwarzer Pfeffer aus der Mühle
1 Briefchen Safranpulver oder ½ Teelöffel Safranfäden

1 In einem grossen Topf reichlich Wasser aufkochen.
2 Die Pilze rüsten und je nach Sorte in Streifen oder Scheiben schneiden.
3 Die Schalotte schälen und fein hacken.
4 Die Tomaten auf Küchenpapier gut abtropfen lassen. Mit den Speckscheiben in Streifchen schneiden.
5 Die Thymianblättchen von den Zweigen zupfen.
6 Das kochende Wasser salzen. Die Teigwaren hineingeben und unter gelegentlichem Umrühren bissfest garen.
7 Gleichzeitig in einer Pfanne knapp die Hälfte der Butter schmelzen. Die Schalotte und den Speck darin andünsten. Die Hitze höher stellen. Die Pilze beifügen und unter Wenden mitbraten; ziehen sie Saft, diesen vollständig verdampfen lassen. Dann die Tomaten beifügen und alles mit Salz und Pfeffer würzen.
8 Die Teigwaren abschütten und gut abtropfen lassen. Im Topf die restliche Butter schmelzen. Den Safran in 1 Esslöffel Wasser auflösen und mit der Butter verrühren. Die Teigwaren

Safrannudeln mit Pilzen

beifügen und gut mischen. Zuletzt die Pilzmischung darunter heben.

Was dazu passt: Am Tisch nach Belieben mit frisch geriebenem Parmesan oder Sbrinz bestreuen.

Gnocchetti an Lauchsauce

Gnocchetti sind ursprünglich eine sardische Teigwarenspezialität. Sie gleichen kleinen, länglichen, gerippten Muscheln. Die Lauchsauce, an der sie serviert werden, passt auch gut zu Orecchiette, Farfalle oder Penne.

30 Minuten

300 g grüner Lauch
1 kleine Zwiebel
1 Knoblauchzehe
1 Esslöffel Butter
100 ml Weisswein
½ Bund Petersilie
200 g Gnocchetti
50 ml Crème fraîche
Salz, schwarzer Pfeffer aus der Mühle
frisch geriebene Muskatnuss

1 Den Lauch rüsten und in dünne Ringe schneiden.

2 Die Zwiebel und den Knoblauch schälen und fein hacken.

3 Die Butter schmelzen. Lauch, Zwiebel und Knoblauch darin andünsten. Den Weisswein dazugiessen. Den Lauch zugedeckt 5 Minuten kochen lassen.

4 Gleichzeitig in einem grossen Topf reichlich Wasser aufkochen.

5 Die Petersilie grob hacken.

6 Gut die Hälfte des Lauchs mit einer Schaumkelle herausheben. Beiseite stellen. Den restlichen Lauch weitere 10 Minuten kochen lassen.

7 Das kochende Wasser salzen und die Teigwaren hineingeben. Unter gelegentlichem Umrühren bissfest garen.

8 Die Crème fraîche zum Lauch in der Pfanne geben und beides im Mixer oder mit dem Stabmixer so fein wie möglich pürieren. Die Sauce nochmals aufkochen. Die beiseite gelegten Lauchstreifen und die Petersilie beifügen. Die Sauce mit Salz, Pfeffer und Muskat abschmecken.

9 Die Teigwaren abschütten, gut abtropfen lassen, dann sofort mit der Lauchsauce mischen. Nach Belieben etwas frisch geriebenen Parmesan darüber geben.

Was dazu passt: Im Sommer serviert man im Voraus einen einfachen Tomatensalat, im Winter einen Borlottibohnensalat, den man mit Parmesan- oder Sbrinzspänen bestreut.

Gnocchetti an Lauchsauce

Feurige Spaghetti

Ein gelungener Mix von europäischer und asiatischer Küche: Spaghetti mit einer Gemüse-Hackfleisch-Sauce, feurig-exotisch gewürzt mit Pfefferschoten, Kreuzkümmel und Sojasauce.

25 Minuten

1 Peperoncino (italienische Pfefferschote) oder 1–2 Chilischoten
4 Esslöffel Öl
150 g gemischtes Hackfleisch
1 Teelöffel Paprikapulver
1 gehäufter Esslöffel Tomatenpüree
Salz
¼ Teelöffel gemahlener Kreuzkümmel
3 Esslöffel Sojasauce
150 ml Fleischbouillon
150–200 g Spaghetti
1 kleiner Lauch
1 mittelgrosse Karotte
1 kleine gelbe Peperoni (Paprika)

1 Den Peperoncino oder die Chilischoten der Länge nach halbieren, entkernen und fein schneiden.
2 In einer eher weiten Kasserolle die Hälfte des Öls erhitzen. Das Hackfleisch darin anbraten. Das Paprikapulver darüber streuen, das Tomatenpüree und den Peperoncino oder die Chilischoten beifügen. Alles kurz mitrösten. Das Fleisch mit Salz, Kreuzkümmel und Sojasauce würzen. Die Bouillon dazugiessen. Die Hackfleischsauce zugedeckt auf kleinem Feuer etwa 10 Minuten kochen lassen.
3 Inzwischen in einem grossen Topf reichlich Wasser aufkochen.
4 Den Lauch rüsten und in feine Ringe schneiden. Die Karotte schälen und in zündholzgrosse Streifchen schneiden. Die Peperoni halbieren, entkernen und ebenfalls fein schneiden.
5 Wenn das Teigwarenwasser sprudelnd kocht, Salz beifügen und die Spaghetti hineingeben. Unter gelegentlichem Umrühren bissfest garen.
6 Gleichzeitig das restliche Öl erhitzen. Lauch, Karotte und Peperoni darin unter Wenden während 3–4 Minuten knackig dünsten. Leicht salzen. Zur Hackfleischsauce geben.
7 Die Spaghetti abschütten, gut abtropfen lassen und in einer vorgewärmten Schüssel anrichten. Die Hackfleischsauce darüber geben.

Was dazu passt: Als Vorspeise kann man zum Beispiel den Avocadosalat mit Mozzarella (Rezept Seite 10) oder einen grünen Salat zubereiten.

Feurige Spaghetti

Nudeln an Zitronen-Oliven-Sauce

Ein Teigwarengericht aus der feinen Küche: Am besten schmecken zu dieser raffinierten Oliven-Rahmsauce frisch zubereitete Nudeln. Frischteigwaren sind in vielen grossen Lebensmittelgeschäften oder Spezialitätenläden zu kaufen. Neben ihrem feinen Geschmack ist auch ihre kurze Kochzeit – meist nur gerade 2–3 Minuten – ein Plus. (Bild Seite 40.)

15 Minuten

6 grüne Oliven ohne Stein
1 Schalotte
2 Esslöffel Olivenöl
50 ml Noilly Prat (trockener Wermut)
100 ml Rahm
abgeriebene Schale von ¼ Zitrone
1–1½ Esslöffel Zitronensaft
Salz, schwarzer Pfeffer aus der Mühle
300 g frische oder ca. 150 g getrocknete schmale Nudeln (Tagliatelle)

1 In einem grossen Topf reichlich Wasser aufkochen.
2 Die Oliven in Viertel schneiden. Die Schalotte schälen und fein hacken.
3 Das Olivenöl erhitzen. Die Schalotte darin unter Wenden 2–3 Minuten dünsten. Dann den Noilly Prat dazugiessen und etwas einkochen lassen.
4 Wenn das Teigwarenwasser kocht, etwas Salz beifügen und die Nudeln hineingeben. Unter gelegentlichem Umrühren bissfest garen.
5 Gleichzeitig den Rahm, die Zitronenschale und den -saft zur Sauce geben und alles nochmals leicht cremig einkochen lassen. Zuletzt die Oliven untermischen und die Sauce mit Salz sowie Pfeffer abschmecken.
6 Die Nudeln abschütten, gut abtropfen lassen und sofort mit der Sauce mischen. In vorgewärmten Tellern anrichten. Nach Belieben mit etwas frisch geriebenem Parmesan oder Sbrinz bestreuen.

Was dazu passt: Als Vorspeise gibt es zum Beispiel gefüllte Chicoréeschiffchen (Rezept Seite 14).

Tortellini mit Gemüse

Die beliebten Teigtaschen gibt es sowohl als Frischteigwaren wie auch getrocknet zu kaufen; letztere sind ein überaus praktischer Vorrat, weil sie sich mehrere Monate halten. In diesem Rezept werden die Tortellini an einer «grünen» Gemüsesauce mit Zucchini, Erbsen, Frühlingszwiebel und Rucola serviert, es sind jedoch auch andere Gemüsekombinationen möglich – eben mit dem, was gerade im Kühlschrank vorrätig ist!

20 Minuten

1 kleine Zucchini
100 g Rucola
1 Frühlingszwiebel
1 Esslöffel Butter
75 g tiefgekühlte Erbsen
50 ml Noilly Prat (trockener Wermut)
100 ml Rahm
Salz, schwarzer Pfeffer
300 g frische oder 150 g getrocknete Tortellini

1 Die Zucchini rüsten und ungeschält der Länge nach vierteln, dann würfeln.

Nudeln an Zitronen-Oliven-Sauce

2 Den Rucola waschen, gut abtropfen lassen und grob schneiden.
3 Die Frühlingszwiebel mitsamt schönem Grün fein hacken.
4 In einem grossen Topf reichlich Wasser aufkochen.
5 In einer Pfanne die Butter schmelzen. Die Frühlingszwiebel darin andünsten. Erbsen und Zucchini beifügen und kurz mitdünsten. Mit dem Noilly Prat ablöschen. Den Rahm beifügen, mit Salz und Pfeffer würzen und das Gemüse knapp weich kochen.
6 Sobald das Teigwarenwasser kocht, etwas Salz beifügen und die Tortellini hineingeben. Unter gelegentlichem Umrühren bissfest garen (frische Tortellini: 3–4 Minuten, getrocknete Tortellini: je nach Qualität 12–15 Minuten).
7 Den Rucola unter die Gemüsesauce mischen und diese noch 1 Minute zugdeckt kochen lassen. Wenn nötig nachwürzen.
8 Die Tortellini abschütten, gut abtropfen lassen und sofort mit der Gemüsesauce mischen. Nach Belieben separat dazu geriebenen Parmesan oder Sbrinz servieren.

Was dazu passt: Als Vorspeise serviert man zum Beispiel einen Bohnen-Tomaten-Salat (Rezept Seite 14).

Tortellini mit Gemüse (oben) und Teigwaren an Lachs-Dill-Sauce (unten)

Teigwaren an Lachs-Dill-Sauce

Viele Teigwarenhersteller bieten mit Naturstoffen (Spinat, Randensaft, Safran usw.) gefärbte Pasta an. Der Geschmack der Teigwaren verändert sich dadurch zwar kaum, aber fürs Auge sind sie attraktiv. Selbstverständlich passt die raffiniert-einfache Fischsauce ebenso gut auch zu einfarbigen Teigwaren. Der Lachs kann durch andere Fischfilets ersetzt werden. Gut geeignet ist zum Beispiel Dorsch, Kabeljau, Steinbutt oder Seeteufel. (Bild Seite 41.)

15 Minuten

200 g Lachsfilet, enthäutet und entgrätet gewogen
abgeriebene Schale von ½ Zitrone
etwas Zitronensalz oder normales Salz
½ Bund Dill
100 ml Rahm
1 Teelöffel Zitronensaft
schwarzer Pfeffer aus der Mühle
150–200 g zwei- oder dreifarbige Teigwaren

1 In einem grossen Topf reichlich Wasser aufkochen.
2 Das Lachsfilet mit den Fingern nach Gräten abtasten und diese herausziehen. Den Fisch in Würfel schneiden. Mit der Zitronenschale und etwas Zitronensalz würzen.
3 Den Dill fein hacken. Mit dem Rahm, etwas Zitronensalz sowie frisch gemahlenem Pfeffer in einer kleinen Pfanne verrühren.
4 Wenn das Teigwarenwasser sprudelnd kocht, etwas Salz beifügen und die Teigwaren hineingeben. Unter gelegentlichem Umrühren bissfest garen.
5 Kurz vor Ende der Garzeit der Teigwaren den Dill-Rahm aufkochen. Die Lachswürfel hineingeben und vor dem Siedepunkt zugedeckt je nach Grösse 2–3 Minuten gar ziehen lassen.
6 Die Teigwaren abschütten, gut abtropfen lassen und sofort mit der heissen Lachssauce mischen.

Was dazu passt: Als Vorspeise serviert man zum Beispiel einen Gurken- oder Tomatensalat.

Gemüsepaella

Wenn es eilt, kann man sich die Mühe des Gemüserüstens sparen und das Reisgericht mit einer tiefgekühlten Gemüsemischung zubereiten, die es in vielen Zusammenstellungen zu kaufen gibt.

Gemüsepaella

30 Minuten

1 kleine Zwiebel
1 Knoblauchzehe
1 Esslöffel Butter
1 Tasse Parboiled-Reis
50 ml Weisswein
knapp 2 Tassen Gemüse- oder Hühnerbouillon
1 g Safranfäden oder 1 Messerspitze Safranpulver
2 Karotten
2 kleine Zucchini
100 g tiefgekühlte Kefen
200 g Champignons
2–3 Esslöffel Olivenöl
Salz, schwarzer Pfeffer aus der Mühle

1 Die Zwiebel und den Knoblauch schälen und fein hacken.
2 Die Butter schmelzen. Zwiebel und Knoblauch darin hellgelb dünsten. Den Reis beifügen und mitrösten, bis er zu knistern beginnt. Mit dem Weisswein ablöschen und diesen unter ständigem Rühren einkochen lassen.
3 Die Bouillon dazugiessen, den Safran einstreuen und unter Rühren auflösen. Den Reis zugedeckt auf kleinem Feuer während 15–18 Minuten zugedeckt ausquellen lassen.
4 Inzwischen die Karotten schälen, der Länge nach halbieren, dann diese Hälften längs in knapp ½ cm breite Streifen und diese wiederum in etwa 2 cm lange Stängelchen schneiden. In wenig Salzwasser zugedeckt 5 Minuten vorkochen.
5 Gleichzeitig die Zucchini rüsten und ungeschält in gleich grosse Stängelchen wie die Karotten schneiden. Die noch gefrorenen Kefen schräg in Rauten schneiden. Die Champignons rüsten und in Scheiben schneiden.
6 In einer Bratpfanne oder im Wok das Olivenöl erhitzen. Die Champignons darin anbraten: Ziehen sie Saft, diesen vollständig verdampfen lassen. Dann die gut abgetropften Karotten, die Zucchini und die Kefen beifügen und alles unter häufigem Wenden 4–5 Minuten dünsten. Mit Salz und Pfeffer abschmecken.
7 Das Gemüse zum fertig gekochten Reis geben und alles gut mischen. Wenn nötig nachwürzen.

Was dazu passt: Wer ein Stückchen Fleisch möchte, brät sich ein mit Zitronensaft und Senf gewürztes Pouletbrüstchen. Auch gebratene Cipollata-Würstchen passen gut zur Paella.

Reis-Hackfleisch-Topf

Rind- oder Lammhackfleisch, Blattspinat und Tomaten ergeben einen unkomplizierten Eintopf, der (fast) von alleine kocht. Eine orientalische Note erhält er, wenn man am Schluss mit der Petersilie wenig fein gehackte Minze untermischt – man muss allerdings ihren intensiven Geschmack mögen!

30 Minuten

250 g frischer oder 150 g tiefgekühlter Blattspinat
1 mittelgrosse Zwiebel
1 Knoblauchzehe
2 Esslöffel Olivenöl
150 g gehacktes Rind- oder Lammfleisch
100 g Parboiled-Reis
200 ml Bouillon
400 g Dosentomaten (Pelati)
Salz, Pfeffer
1 Bund Petersilie

1 Den Spinat gründlich waschen. Tropfnass in einen grossen Topf geben und zugedeckt nur gerade so lange im eigenen Saft dünsten, bis er zusammengefallen ist. In ein Sieb abschütten und leicht ausdrücken. Tiefkühlspinat kann noch gefroren verwendet werden.
2 Die Zwiebel und den Knoblauch schälen und fein hacken.
3 Das Olivenöl erhitzen. Die Zwiebel und den Knoblauch darin hellgelb dünsten. Die Hitze höher stellen und das Hackfleisch beifügen. Kurz mitbraten. Dann den Reis untermischen und die Bouillon dazugiessen.
4 Die Tomaten sorgfältig in ein Sieb abschütten und gut abtropfen lassen (der Saft wird nicht verwendet!). In grobe Stücke schneiden.
5 Die Tomaten und den Spinat ebenfalls zum Reis geben. Alles würzen und zugedeckt auf kleinem Feuer 15–18 Minuten unter gelegentlichem Umrühren kochen lassen; der Reis darf nicht zu weich werden!
6 Die Petersilie fein hacken. Am Schluss unter den Reis mischen und diesen wenn nötig nachwürzen.

Was dazu passt: Als Vorspeise kann man je nach Jahreszeit eine überbackene Zwiebelsuppe (Rezept Seite 18) oder auch nur einen einfachen Blattsalat dazu servieren.

Tessiner Risotto

Im Original wird das Reisgericht mit Luganighe, den würzigen Schweinswürsten aus der Südschweiz, zubereitet, doch sind diese nicht überall erhältlich. Sie lassen sich jedoch gut durch Schweins- oder Bauernbratwurst ersetzen.

30 Minuten

1 Schweinsbratwurst (ca. 100 g)
2 reife Tomaten
3–4 Zweige Oregano
2–3 Salbeiblätter
1 kleine Zwiebel
1 Knoblauchzehe
1 Esslöffel Butter
150 g Rundkornreis (z.B. Carnaroli, Arborio oder Vialone)
100 ml Rotwein
¼ l Hühnerbouillon
1–2 Esslöffel Grappa
2–3 Esslöffel geriebener Parmesan oder Sbrinz
Salz, schwarzer Pfeffer aus der Mühle

1 Das Bratwurstbrät aus der Wursthaut drücken und mit einer Gabel zerzupfen.
2 Die Tomaten kurz in kochendes Wasser tauchen, herausnehmen, kalt abschrecken, schälen, entkernen und würfeln.
3 Oregano und Salbei fein hacken. Die Zwiebel und den Knoblauch schälen und ebenfalls hacken
4 Die Butter schmelzen. Die Zwiebel und den Knoblauch darin hellgelb dünsten. Den Reis und das Wurstbrät beifügen und unter Wenden 2–3 Minuten mitrösten. Mit dem Wein ablöschen und diesen unter Rühren vollständig einkochen lassen.
5 Nun die Hälfte der Bouillon dazugiessen. Auf kleinem Feuer unter häufigem Rühren köcheln lassen, bis sie vom Reis fast vollständig aufgenommen ist.
6 Bis auf einen kleinen Teil die restliche Bouillon beifügen. Die Tomaten und Kräuter untermischen. Den Risotto noch so lange kochen lassen, bis er bissfest, aber in der Konsistenz noch sehr suppig ist; wenn nötig den Rest der Bouillon nachgiessen.
7 Am Schluss den Risotto mit dem Grappa parfümieren und den Käse untermischen. Mit Salz und Pfeffer abschmecken.

Was dazu passt: Nach Belieben kann man den Risotto mit gebratenen Schweins-Cipollatas bereichern. Als Vorspeise passt ein Blattsalat.

Orientalischer Reis

Das Besondere an diesem Reiseintopf mit Lammfleisch ist seine Würze: Kreuzkümmel, Kardamom und Minze, aber auch Rosinen und Pinienkerne verleihen ihm eine exotische Note, und anstelle von Parmesan bestreut man ihn am Schluss mit fein zer-

krümeltem Feta. Feta ist ein rindenloser, leicht bröckliger Käse aus Schaf-, Ziegen- oder auch Kuhmilch, der ursprünglich aus Griechenland und Südosteuropa kommt. Heute ist der säuerlich-pikante Weisskäse, der in einer Salzlake reift, auch aus Kuhmilch hergestellt erhältlich.

30 Minuten

300 g entbeinter Lammgigot (-keule)
1 grosse Zwiebel
2 Knoblauchzehen
Salz, schwarzer Pfeffer aus der Mühle
1 Esslöffel Bratbutter
½ Teelöffel Kreuzkümmel
je 1 Messerspitze Kardamom und Cayennepfeffer
150 g Parboiled-Langkornreis
200 g Dosentomaten (Pelati)
200 ml Fleischbouillon
1 Esslöffel Rosinen
20 g Pinienkerne
100 g Feta
2–3 Zweige Minze

1 Das Lammfleisch in 1 cm grosse Würfel schneiden, dabei Fettstellen wegschneiden.

2 Die Zwiebel und den Knoblauch schälen und fein hacken.

3 Das Lammfleisch mit Salz und Pfeffer würzen. In einer grossen Kasserolle in der heissen Bratbutter anrösten. Herausnehmen.

4 Im Bratsatz die Zwiebel und den Knoblauch andünsten. Kreuzkümmel, Kardamom, Cayennepfeffer und den Reis beifügen und alles kurz weiter rösten. Dann die Tomaten mitsamt Saft und die Bouillon dazugeben. Das Fleisch wieder beifügen. Rosinen und Pinienkerne untermischen. Den Reis mit Salz und Pfeffer würzen. Zugedeckt auf kleinem Feuer je nach gewünschter Körnigkeit des Reises während 15–20 Minuten garen.

5 Den Feta zerbröseln oder klein würfeln. Die Minze in feine Streifchen schneiden. Am Schluss über den fertigen Reis streuen.

Was dazu passt: Im Orient serviert man zu Reis und Fleisch oft eine pikant gewürzte Joghurtsauce (siehe auch Rezept «Lammspiess mit Koriander-Joghurt-Sauce», Seite 58).

Tessiner Risotto (unten rechts)
Reis-Hackfleisch-Topf (unten links)
Orientalischer Reis (oben)

Zaubern à la minute: **Fleisch- und Fischgerichte**

Kräuter-Pouletbrüstchen mit Tomatenrisotto

Frische Kräuter sind das A und O für diese Zubereitung der Pouletbrüstchen. Man kann sie je nach Saison variieren oder auch einmal nur ein Gewürzkraut verwenden, zum Beispiel Petersilie oder Basilikum. Auf die gleiche Weise kann man auch Kalbs- oder Schweinssteaks zubereiten.

Schinkenrollen auf Krautstielen

Kräuter-Pouletbrüstchen mit Tomatenrisotto

30 Minuten

Kräuterbutter:
½ Bund Petersilie
1 kleiner Zweig Rosmarin
3–4 Salbeiblätter
2–3 Zweige Thymian
50 g Butter
abgeriebene Schale von ¼ Zitrone

Tomatenrisotto:
1 kleine Zwiebel
1 Knoblauchzehe
1 Esslöffel Butter
150 g Risottoreis (z.B. Arborio oder Vialone)
100 ml Weisswein
200 g Dosentomaten (Pelati)
ca. 100 ml Hühnerbouillon

2 Pouletbrüstchen
Salz, schwarzer Pfeffer
1 Teelöffel Butter
25 g geriebener Sbrinz oder Parmesan

1 Zuerst die Kräuterbutter zubereiten: Alle Kräuter fein hacken. Die Butter mit einer Gabel so lange bearbeiten, bis sie schön weich ist und kleine Spitzchen bildet. Die Kräuter und die Zitronenschale untermischen.
2 Für den Risotto Zwiebel und Knoblauch schälen und fein hacken.
3 Die Butter schmelzen. Die Zwiebel und den Knoblauch darin glasig dünsten. Den Reis beifügen und kurz mitrösten, bis die Körner zu knistern beginnen. Dann den Weisswein dazugiessen und diesen unter ständigem Rühren vollständig einkochen lassen.
4 Die Tomaten grob zerkleinern und mitsamt Saft zum Reis geben. Die Bouillon beifügen. Den Risotto unter häufigem Rühren auf kleinem Feuer bissfest garen. Wenn nötig etwas Bouillon nachgiessen.
5 Während der Reis kocht, in einer Bratpfanne die Kräuterbutter auf mittlerem Feuer schmelzen. Die Pouletbrüstchen salzen und pfeffern und zuerst auf jeder Seite gut 1 Minute bei gleich bleibender Hitze anbraten, dann auf kleinem Feuer langsam fertigbraten; dies dauert je nach Dicke der Brüstchen 8–10 Minuten.
6 Die Butter und den Käse unter den fertig gekochten Risotto mischen. Die Pouletbrüstchen darauf anrichten.

Was dazu passt: Als Vorspeise zum Beispiel der römische Lattichsalat (Rezept Seite 12) oder der Avocadosalat mit Mozzarella (Rezept Seite 10).

Schinkenrollen auf Krautstielen

Die Saison der Krautstiele dauert von Juni bis Anfang November. Während des restlichen Jahres kann man die Schinkenrollen sehr gut auch auf Blattspinat anrichten.

30 Minuten

500 g Krautstiele (Stielmangold)
2 Esslöffel Butter
50 ml Bouillon
Salz, Pfeffer
2 mittelgrosse Zwiebeln
1 Bund Petersilie
6 Scheiben Schinken
4 Esslöffel Crème fraîche
25 g geriebener Sbrinz

1 Die Krautstiele waschen, rüsten und mitsamt den Blättern in Streifen schneiden.
2 In einem mittelgrossen Topf die Hälfte der Butter schmelzen. Die Krautstiele darin andünsten. Die

Bouillon dazugiessen und das Gemüse zugedeckt während etwa 10 Minuten weich dünsten. Mit Salz und Pfeffer würzen. Mitsamt der verbliebenen Garflüssigkeit in eine ausgebutterte Gratinform verteilen.

3 Während die Krautstiele garen, die Zwiebeln schälen und fein hacken. Die Petersilie ebenfalls hacken. Beides in der restlichen Butter kurz dünsten. 1 Esslöffel der Masse zum Überbacken beiseite stellen.

4 Den Backofen auf 220 Grad vorheizen.

5 Die Schinkenscheiben auslegen und jede mit etwas Zwiebelmasse bestreichen. Aufrollen und auf die Krautstiele legen.

6 Die beiseite gestellte Zwiebelmasse mit der Crème fraîche sowie der Hälfte des Sbrinz mischen. Über die Schinkenrollen verteilen und alles mit dem restlichen Käse bestreuen.

7 Die Schinkenrollen im heissen Ofen auf der untersten Rille bei 220 Grad etwa 15 Minuten überbacken.

Was dazu passt: Zum Beispiel in Butter gebratene neue Kartoffeln oder ein Risotto (z.B. Tomatenrisotto, Rezept Seite 47).

Greyerzer Kalbskotelett

Das mit Schinken, Spinat und Käse belegte Kotelett kann gut vorbereitet werden, so dass man es vor dem Essen nur noch überbacken muss. Im Rezept wird für den Belag frischer Spinat verwendet; ebenso gut eignet sich tiefgekühlter Blattspinat, der ein praktischer Vorrat ist. Zum schnellen Auftauen wählt man am besten den in Form kleiner Kugeln eingefrorenen Spinat; man gibt die gewünschte Anzahl Kugeln in einen Plastikbeutel und legt diesen für etwa 15 Minuten in heisses Wasser.

30 Minuten

2 Kalbskoteletts
Salz, schwarzer Pfeffer aus der Mühle
1 Esslöffel Bratbutter
2 dünne Scheiben Schinken
150 g frischer Spinat oder ca. 75 g tiefgekühlter Blattspinat
75 g Greyerzer
⅛ l Doppelrahm
1 Prise Muskatnuss

1 Den Backofen auf 220 Grad vorheizen.

2 Die Kalbskoteletts mit Salz und Pfeffer würzen. In einer Bratpfanne in der heissen Butter auf der ersten Seite 1 Minute, auf der zweiten Seite nur noch gerade 30 Sekunden anbraten. Herausnehmen und in eine Gratinform geben. Mit je einer Scheibe Schinken belegen.

3 Den Spinat waschen. Tropfnass in eine Pfanne geben und nur gerade 1 Minute dünsten, bis er zusammengefallen ist. In ein Sieb abschütten, ausdrücken und mit Salz sowie Pfeffer leicht würzen. Auf den Koteletts verteilen.

4 Den Greyerzer fein reiben. Mit dem Doppelrahm mischen und mit wenig Salz, Pfeffer sowie Muskat würzen. Über die Koteletts verteilen.

5 Die Kalbskoteletts im heissen Ofen auf der zweituntersten Rille bei 220 Grad während 15–18 Minuten backen.

Was dazu passt: Zum Beispiel Gewürzkartoffeln (siehe Rezept Seite 51) und/oder gedünsteter Blattspinat.

Paprikasteak

Eine samtene Sauerrahmsauce mit viel Paprika und Zwiebeln begleitet kurz gebratene Schweinssteaks. Die Sauce passt auch zu Schweinsfilet, Kalbsschnitzel oder zu den Kalbshacksteaks von Seite 59.

20 Minuten

75 g Zwiebeln
1 Esslöffel Butter
1 gehäufter Teelöffel edelsüsser Paprika

Greyerzer Kalbskotelett

Paprikasteak (vorne)
Schinkensteaks an Orangensauce (hinten)

1 Esslöffel Tomatenpüree
100 ml Rotwein
75 ml Crème fraîche
Salz, schwarzer Pfeffer
2 Schweinssteaks
1 Esslöffel Bratbutter
½ Bund Schnittlauch

1 Die Zwiebeln schälen und hacken.
2 In einer kleinen Pfanne die Butter schmelzen. Die Zwiebeln darin unter Wenden glasig dünsten. Den Paprika darüber streuen und kurz mitdünsten. Das Tomatenpüree und den Rotwein beifügen. Die Sauce auf kleinem Feuer zugedeckt 10 Minuten kochen lassen.
3 Die Crème fraîche mit etwas heisser Sauce verrühren und beifügen. Die Sauce mit Salz und Pfeffer abschmecken und nochmals leicht einkochen lassen.
4 Inzwischen die Schweinssteaks mit Salz und Pfeffer würzen. Die Bratbutter bei mittlerer Hitze schmelzen. Die Schnitzel darin je nach Dicke insgesamt 5–7 Minuten nicht zu heiss braten. Auf vorgewärmten Tellern anrichten und mit der Sauce umgiessen.

Was dazu passt: Als Beilage eignen sich in Bouillon gekochte Kartoffeln oder feine Nudeln sowie ein grünes Gemüse (z.B. Erbsen, Spinat, Broccoli, Kefen).

Schinkensteaks an Orangensauce

Die würzig-fruchtige Orangensauce und die gedünsteten Apfelschnitze, die den Schinken begleiten, passen auch sehr gut zu gebratenen Schweinsmedaillons (aus dem Filet geschnitten) oder zu Pouletbrüstchen.

15 Minuten

1 Orange
1 Esslöffel Honig
1 Esslöffel Senf
100 ml Weisswein
1 rotschaliger Apfel
50 g Butter
2 Tranchen gekochtes Rippli (Kasseler), Rollschinken oder Bauernschinken, knapp 1 cm dick geschnitten
Salz, schwarzer Pfeffer

1 Den Saft der Orange auspressen. Mit dem Honig, dem Senf und dem Weisswein verrühren.
2 Den Apfel ungeschält halbieren, das Kerngehäuse entfernen und die Hälften in dicke Schnitze schneiden.
3 20 g Butter in einer Bratpfanne erhitzen und die Schinkensteaks darin auf beiden Seiten langsam anbraten. Gleichzeitig daneben die Apfelschnitze kurz mitdünsten. Alles aus der Pfanne nehmen und zugedeckt warm stellen.
4 Die Orangensaftmischung zum Bratsatz geben und auf grossem Feuer auf die Hälfte einkochen lassen. Zu-

letzt die restliche Butter in Flocken beifügen. Die Sauce mit Salz und Pfeffer abschmecken und über die Schinkensteaks verteilen.

Was dazu passt: Zum Beispiel ein Trockenreis (Grundrezept Seite 110), den man vor dem Servieren mit gehackten, kurz in Butter gerösteten grünen Pistazien oder mit ebenfalls in Butter gedünsteten Peperoniwürfelchen mischt.

Schweinsmedaillons mit Knoblauch-Salbei-Butter

Schweinsfiletstücke werden in Rohschinken gewickelt, mit frischer Salbei belegt und an einem kleinen Jus mit Knoblauchscheibchen und Salbeistreifen serviert – ein ganz einfaches Gericht, in dem eine gute Prise Süden steckt! Anstelle von Rohschinken kann man auch ganz gewöhnlichen gekochten Schinken verwenden.

20 Minuten

Ca. 250 g Schweinsfilet
Salz, schwarzer Pfeffer aus der Mühle
6 Scheiben Schwarzwälder Schinken oder ein anderer Rohschinken
10 Salbeiblätter
1 Esslöffel Bratbutter
2 Knoblauchzehen
40 g Butter

1 Den Backofen auf 180 Grad vorheizen.
2 Das Schweinsfilet in 6 Medaillons schneiden. Das Fleisch leicht salzen und grosszügig pfeffern. Jedes Medaillon in eine Scheibe Schinken einwickeln. Mit einem Salbeiblatt belegen und alles mit Holzspiesschen fixieren. Die restlichen Salbeiblätter beiseite legen.
3 In einer Bratpfanne die Bratbutter erhitzen. Die Medaillons darin rundum kurz, aber kräftig anbraten. Dann sofort in eine Gratinform geben und im heissen Ofen auf der zweituntersten Rille bei 180 Grad 10 Minuten braten. Die Bratpfanne beiseite stellen.
4 Inzwischen die restlichen Salbeiblätter in Streifen schneiden. Den Knoblauch schälen und in dünne Scheiben schneiden.
5 Unmittelbar vor dem Servieren die Salbeistreifen und den Knoblauch im Bratsatz des Fleisches 2–3 Minuten dünsten. Die Butter beifügen und kurz aufschäumen lassen. Über die gebratenen Medaillons verteilen und sofort servieren.

Was dazu passt: Die nachfolgend rezeptierten Gewürzkartoffeln, aber auch ein Risotto oder ein Gemüse (z.B. Blattspinat, Zucchini oder eine Ratatouille).

Schweinsmedaillons mit Knoblauch-Salbei-Butter, als Beilage Gewürzkartoffeln

Gewürzkartoffeln mit Dörrtomaten

Für diese originelle Kartoffelbeilage werden möglichst kleine Kartoffeln verwendet – im Sommer solche aus neuer Ernte –, die auch unter der Bezeichnung Raclettekartoffeln erhältlich sind. Man kann sie 1–2 Stunden im Voraus kochen, sollte sie dann aber nicht in den Kühlschrank geben, sondern bei Zimmertemperatur stehen lassen, weil sie sonst ihren frischen Geschmack verlieren.

30 Minuten

8–10 kleine Kartoffeln
30 g in Öl eingelegte getrocknete Tomaten
1 Knoblauchzehe
½ Peperoncino (italienische Pfefferschote)
1 kleiner Zweig Rosmarin
2 Esslöffel Öl von den Tomaten oder Olivenöl
ca. 75 ml Weisswein
Salz, schwarzer Pfeffer aus der Mühle

1 Die Kartoffeln waschen und ungeschält in nicht zu viel Wasser nur gerade knackig kochen.
2 Während die Kartoffeln kochen, die Dörrtomaten fein hacken. Die Knoblauchzehe schälen und ebenfalls hacken. Den Peperoncino der Länge nach halbieren, entkernen und in feinste Streifchen schneiden. Die Rosmarinnadeln von den Zweigen zupfen.
3 Das Tomaten- oder Olivenöl in einer Bratpfanne erhitzen. Dörrtomaten, Knoblauch und Peperoncino darin unter Wenden andünsten. Dann die geschälten Kartoffeln sowie die Rosmarinnadeln beifügen und kurz mitbraten. Den Weisswein dazugiessen. Alles unter häufigem Wenden 8–10 Minuten garen, bis der Weisswein praktisch verdampft ist und die Kartoffeln mit der Tomaten-Rosmarin-Mischung überzogen sind.

Geschnetzeltes Kalbfleisch mit Erbsen und Rohschinken

Achten Sie darauf, dass das Fleisch vom Metzger von Hand geschnitten wird; auf diese Weise ist es wesentlich zarter, als wenn es durch die Maschine getrieben wird. Anstelle von Erbsen kann man für das Gericht auch Kefen (evtl. tiefgekühlte) verwenden, die man schräg in Rhomben schneidet. (Bild Seite 52.)

20 Minuten

250 g geschnetzeltes Kalbfleisch
Salz, Pfeffer
1 Esslöffel Bratbutter
1 Frühlingszwiebel
½ Bund Petersilie
2 dünne Scheiben Rohschinken
1 Esslöffel Butter
100 g tiefgekühlte Erbsen
50 ml Weisswein
100 ml Rahm

1 Den Backofen auf 70 Grad vorheizen und eine Platte mitwärmen.
2 Das Geschnetzelte mit Salz und Pfeffer würzen. In einer Bratpfanne die Bratbutter erhitzen. Das Fleisch in der Pfanne ausbreiten und ohne zu Wenden auf der ersten Seite gut 1 Minute braten, dann auf der zweiten Seite nur noch ½ Minute weiterbraten. Sofort auf die vorgewärmte Platte geben und 15 Minuten im Ofen nachgaren lassen. Die Bratpfanne beiseite stellen.
3 Die Frühlingszwiebel mitsamt schönem Grün fein hacken. Die Petersilie ebenfalls hacken. Die Rohschinkenscheiben in feine Streifchen schneiden.
4 Wenn nötig etwas Bratbutter zum Bratsatz geben und die Rohschinkenstreifchen darin kurz braten. Zum Kalbfleisch geben.
5 Die Butter im Bratsatz aufschäumen lassen. Die Frühlingszwiebel und die Petersilie darin andünsten. Die Erbsen beifügen. Den Weisswein dazugiessen und fast vollständig verdampfen lassen. Dann den Rahm beifügen und alles noch so lange kochen lassen, bis die Sauce leicht bindet. Mit Salz und Pfeffer abschmecken.
6 Unmittelbar vor dem Servieren die kochend heisse Sauce über das Fleisch geben.

Was dazu passt: Ein nicht zu dickes Kartoffelpüree, das man mit etwas Butter und Milch oder mit Rahm zusätzlich verfeinert, oder ein Weissweinrisotto. Auch die Gewürzkartoffeln (siehe links) passen gut dazu.

Marinierte Rindshuft mit Lauch

Dieses schnelle Gericht aus der chinesischen Küche kann auch mit Lammgigot (Lammkeule) zubereitet werden. Das Fleisch auf die gleiche Weise schneiden, dabei Fettstellen und Sehnen entfernen. Wer Lauch nicht sonderlich schätzt, kann Broccoliröschen oder Kefen (auch tiefgekühlt) verwenden.

25 Minuten

300 g gut gelagerte Rindshuft
3 Esslöffel Sojasauce
3 Esslöffel trockener Sherry
1 Teelöffel Currypulver
1 Teelöffel Speisestärke (Maizena)
1 Knoblauchzehe
2 mittelgrosse Lauchstangen
1 Bund Schnittlauch
Salz, schwarzer Pfeffer aus der Mühle
Öl zum Braten
50 ml Hühnerbouillon

1 Die Rindshuft in dünne Scheiben, dann in kleinere Vierecke schneiden. In eine Schüssel geben.
2 Die Sojasauce, den Sherry, das Currypulver und die Speisestärke in einem Schüsselchen verrühren. Den Knoblauch schälen und dazupressen. Die Marinade über das Fleisch geben. Kurz ziehen lassen.
3 Inzwischen den Lauch rüsten und in dünne Ringe schneiden. Den Schnittlauch fein schneiden.
4 Das Fleisch aus der Marinade nehmen, gut abtropfen lassen und mit Küchenpapier leicht trockentupfen. Mit Salz und Pfeffer würzen. Die Marinade zur weiteren Verwendung beiseite stellen.
5 Im Wok oder in einer Bratpfanne etwas Öl kräftig erhitzen. Das Fleisch darin in 2–3 Portionen nur ganz kurz (etwa 1 Minute), aber sehr heiss anbraten. Warm stellen
6 Etwas Öl zum Bratsatz geben. Den Lauch beifügen und unter Wenden 2–3 Minuten braten. Die Marinade sowie die Hühnerbouillon beifügen und alles aufkochen. Das Fleisch wieder untermischen und nur noch heiss werden lassen. Sofort auf einer vorgewärmten Platte anrichten und mit dem Schnittlauch bestreuen.

Was dazu passt: Trockenreis (Grundrezept Seite 110) oder einfach nur frisches Weissbrot.

Geschnetzeltes Kalbfleisch mit Erbsen und Rohschinken (oben)
Marinierte Rindshuft mit Lauch (links)
Pouletwürfel mit Spinat und Pfefferschoten (unten)

Pouletwürfel mit Spinat und Pfefferschoten

Mit der richtigen Vorbereitung – «mise en place» nennt man dies in der Fachsprache –, also alle Zutaten gerüstet und geschnitten bereitgestellt, dauert das Braten dieses exotischen Pouletgerichts nur noch 5 Minuten – ein ideales Gericht also auch für Gäste. Peperoncini sind italienische Pfefferschoten, die je nach Jahreszeit, Grösse und Reifegrad nicht immer gleich scharf schmecken. Wer es sehr feurig liebt, kann das Gericht am Schluss oder auch am Tisch immer noch mit Chiliflocken oder Pfefferschotenpaste (z.B. Sambal Oelek oder Harissa) abschmecken.

20 Minuten

250 g Pouletbrüstchen
250 g frischer Blattspinat
2 Frühlingszwiebeln
1 Knoblauchzehe
1 Peperoncino (scharfe italienische Pfefferschote)
Salz, schwarzer Pfeffer
3 Esslöffel Öl
3 Esslöffel Sherry
3 Esslöffel Sojasauce

1 Die Pouletbrüstchen in gut 1 cm grosse Würfel schneiden.
2 Den Spinat gründlich waschen und sehr gut abtropfen lassen.
3 Die Frühlingszwiebeln mitsamt schönem Grün in feine Ringe schneiden.
4 Den Knoblauch schälen und in dünne Scheibchen schneiden.
5 Den Peperoncino der Länge nach halbieren, entkernen und in Streifchen schneiden.
6 Die Pouletbrüstchen mit Salz und Pfeffer würzen. Im Wok oder in einer Bratpfanne 2 Esslöffel Öl erhitzen. Das Fleisch rundum 2½–3 Minuten braten. Herausnehmen und warm stellen.
7 Das restliche Öl zum Bratsatz geben. Die Frühlingszwiebeln, den Knoblauch und den Peperoncino darin kurz dünsten. Den Spinat beifügen und mitdünsten, bis er zusammenfällt. Den Sherry und die Sojasauce dazugeben. Die Pouletwürfel wieder beifügen und alles nur noch gut heiss werden lassen. Wenn nötig nachwürzen und auf einer vorgewärmten Platte anrichten.

Was dazu passt: Zum Beispiel Trockenreis (Grundrezept Seite 110). Zu einem Eintopf wird das Gericht, wenn man etwa 100 g feine Nudeln vorkocht und sie zusammen mit den Pouletwürfeln untermischt und wieder erhitzt; in diesem Fall etwa 50 ml Hühnerbouillon beifügen, damit das Gericht schön saftig bleibt.

Warmes Lammcarpaccio

Fein geschnittenes Lammfilet wird roh auf feuerfesten Tellern mit einer hausgemachten Kräuterbutter im Ofen ganz kurz überbacken. Geeignet sind alle Teller, die spülmaschinenfest sind. Beim Herausnehmen darauf achten, dass man die Teller nicht zu grossen Temperaturschwankungen aussetzt; also zum Beispiel nicht auf eine «kalte Unterlage», sondern auf ein Holzbrett oder auf eine Lage Küchentücher stellen. Auf die gleiche Weise kann man übrigens auch gut gelagerte Rindshuft zubereiten.

15 Minuten

200 g Lammrückenfilet
½ Bund Petersilie
½ Bund Basilikum
50 g weiche Butter
1 Knoblauchzehe
Salz, schwarzer Pfeffer aus der Mühle
150 g Feta oder nicht zu weiche Formaggini
1 gehäufter Esslöffel Pinienkerne

1 Zwei feuerfeste Teller auf den in der Mitte des Ofens eingeschobenen Grillrost stellen. Den Ofen 10 Minuten vorheizen.
2 Inzwischen das Lammrückenfilet in möglichst feine Scheiben schneiden. Unter Klarsichtfolie mit dem Wallholz noch etwas dünner klopfen.
3 Die Petersilie und das Basilikum fein hacken. Die Butter mit einer Kelle durchrühren, bis sich Spitzchen bilden. Die Kräuter beifügen und den Knoblauch dazupressen. Mit Salz und Pfeffer würzen.
4 Den Käse zerbröckeln oder klein würfeln.
5 Zuerst den einen Teller aus dem Ofen nehmen und mit der Hälfte der Fleischscheiben belegen. Mit Salz und Pfeffer bestreuen, die Hälfte der Kräuterbutter darüber verteilen und mit der Hälfte der Pinienkerne bestreuen. Nochmals für etwa 1½–2 Minuten in den Ofen stellen. Inzwischen den zweiten Teller auf die gleiche Weise belegen. Nach dem Herausnehmen den Käse über das Fleisch verteilen. Sofort servieren.

Was dazu passt: Zum Beispiel die auf Seite 63 rezeptierte Kartoffel-Gemüse-Pfanne, aber auch eine Ratatouille oder in Butter gebratene Kartoffelwürfel oder -scheiben.

Warmes Lammcarpaccio

Tatarbrötchen

Verwenden Sie für Tatar nicht gewöhnliches Rindshackfleisch, sondern nur so genanntes Tatarfleisch, das normalerweise aus der gut gelagerten Huft, vom Hohrücken oder vom Filetspitz stammt. Tatarbrötchen schmecken auch gebraten ausgezeichnet: Zuerst 2–3 Minuten auf der Fleischseite, dann noch kurz auf der Brotseite in Butter braten; das Fleisch soll innen noch rosa und nicht durchgebraten sein. In diesem Rezept werden die Tatarbrötchen von einer Radieschensauce begleitet – eine überraschende, aber raffinierte Kombination. Die Radieschen kann man je nach Saison auch durch etwas fein geschnittene Salatgurke ersetzen.

Tatarbrötchen

20 Minuten

Radieschensauce:
1 Bund Radieschen
½ Becher Sauermilch oder saurer Halbrahm
1 Esslöffel Olivenöl
Salz, Pfeffer

Tatar:
250 g gehacktes Tatarfleisch
8 Basilikumblätter oder ½ Bund glattblättrige Petersilie
1 keine Frühlingszwiebel
1 Eigelb
1 Teelöffel Senf
Salz, Pfeffer, Paprika
4 Scheiben Sandwich- oder Toastbrot
2 grosse Champignons

1 Für die Sauce die Radieschen rüsten und in feine Stifte schneiden. Die Sauermilch oder den sauren Halbrahm, das Olivenöl, Salz und Pfeffer verrühren. Die Radieschen beifügen.
2 Das Tatarfleisch in eine Schüssel geben. Basilikum oder Petersilie fein hacken. Die Frühlingszwiebel rüsten und mitsamt schönem Grün ebenfalls hacken. Kräuter und Frühlingszwiebel mit dem Eigelb und dem Senf zum Fleisch geben, pikant mit Salz, Pfeffer sowie Paprika würzen und alles sehr gut mischen.
3 Die Tatarmasse bergartig auf den Brotscheiben verteilen und gut andrücken. Viereckige Brote diagonal in Dreiecke schneiden.
4 Die Champignons rüsten, in Scheiben schneiden und die Brötchen damit garnieren.

Was dazu passt: Zum Beispiel der Kresse-Gemüse-Salat von Seite 9 oder ein Tomatensalat mit Zwiebeln.

Pouletgeschnetzeltes an Lauchsauce

Besonders fein wird dieses unkomplizierte Gericht, wenn man anstelle von fertig gekauftem Geschnetzeltem ganze Pouletbrüstchen verwendet, die man selbst in Streifen schneidet. Auch geschnetzeltes Kalbfleisch eignet sich für diese Zubereitungsart. Gebunden wird die Lauchsauce mit Doppelrahm-Frischkäse; je nach verwendeter Sorte erhält das Gericht immer wieder eine etwas andere Note.

15 Minuten

1 mittelgrosse Lauchstange
1 Teelöffel Butter
50 ml Weisswein
250–300 g geschnetzteltes Pouletfleisch
Salz, schwarzer Pfeffer aus der Mühle
½ Esslöffel Bratbutter
50 ml Noilly Prat (trockener Wermut) oder halb trockener Sherry, halb Weisswein
50 g Kräuter-Doppelrahm-Frischkäse
1 Prise frisch geriebene Muskatnuss

1 Den Lauch rüsten und in etwa 2 cm grosse Stücke schneiden. Diese der Länge nach in zündholzfeine Streifchen schneiden.
2 In einer Pfanne die Butter erhitzen. Den Lauch darin andünsten. Den Weisswein dazugiessen und den Lauch gut 5 Minuten zugedeckt dünsten.
3 Inzwischen das Pouletfleisch mit Salz und Pfeffer würzen. In der heissen Bratbutter 2–3 Minuten kräftig braten. Aus der Pfanne nehmen und zugedeckt beiseite stellen.
4 Den Bratsatz mit dem Noilly Prat oder der Sherry-Weisswein-Mischung auflösen und durch ein Sieb zum Lauch giessen. Den Doppelrahm-Frischkäse flockenweise in die kochende Sauce geben und mit einer Gabel unterrühren. Die Sauce mit Muskat, Salz und Pfeffer abschmecken.
5 Das Pouletfleisch in die Sauce geben und nur noch gut heiss werden lassen.

Was dazu passt: Zum Beispiel Salzkartoffeln oder in Butter gebratene kleine Schalenkartoffeln, aber auch ein Trockenreis.

Brätkügelchen an Currysauce

Für viele ein Gericht aus Kindertagen: Meist kamen die kleinen Bratwurstkügelchen an einer zarten weissen Rahmsauce daher. In diesem Rezept ist es eine würzig-pikante Currysauce, die auch gut zu einem Kalbs- oder Pouletgeschnetzelten passt. Wer es pikant mag, gibt der Brätmasse anstelle von Peperoniwürfelchen 1 Esslöffel eingelegte grüne Pfefferkörner bei, die man zuvor grob gehackt hat. (Bild Seite 58.)

30 Minuten

300 g Kalbsbrät
½ Bund Schnittlauch
½ rote Peperoni (Paprika)
2 Esslöffel Doppelrahm
schwarzer Pfeffer aus der Mühle
1 kleine Zwiebel
½ l Hühnerbouillon
2 Esslöffel Butter
1 Esslöffel mildes Currypulver
50 ml Weisswein
1 Esslöffel Kokosflocken
½ Apfel
50 ml Rahm
1 gehäufter Teelöffel Mehl
Salz

1 Das Brät in eine Schüssel geben. Den Schnittlauch mit einer Schere in Röllchen dazuschneiden. Die Peperoni entkernen und sehr klein würfeln. Mit dem Doppelrahm beifügen. Die Masse mit Pfeffer würzen und gut mischen.
2 Die Zwiebel schälen und fein hacken.
3 Die Bouillon aufkochen. Mit Hilfe von 2 Teelöffeln, die man immer wieder in die heisse Bouillon taucht, aus der Brätmasse kleine Klösschen abstechen und in die leicht kochende Flüssigkeit geben. Die Brätkügelchen während 3–4 Minuten ziehen lassen. Mit einer Schaumkelle herausheben. Die Bouillon absieben und ¼ l für die Zubereitung der Sauce beiseite stellen.
4 In einer Pfanne die Hälfte der Butter schmelzen. Die Zwiebel darin andünsten. Den Curry dazustreuen und mitdünsten. Mit dem Weisswein ablöschen und zur Hälfte einkochen lassen. Dann den beiseite gestellten Sud und die Kokosflocken beifügen. Den Apfel an der Bircherraffel dazureiben. Die Sauce auf kleinem Feuer etwa 5 Minuten kochen lassen. Durch ein feines Sieb giessen und die Rückstände gut auspressen. In die Pfanne zurückgeben. Den Rahm beifügen und aufkochen.

Pouletgeschnetzeltes an Lauchsauce

5 Die restliche Butter und das Mehl mit einer Gabel verkneten. Flockenweise in die leicht kochende Sauce geben und mit Salz, Pfeffer sowie nach Belieben etwas Currypulver abschmecken.

6 Die Brätkügelchen in die Sauce geben und nochmals gut heiss werden lassen.

Was dazu passt: Trockenreis (Grundrezept Seite 110) sowie nach Belieben ein Gurken- oder Tomatensalat.

Lammspiess mit Koriander-Joghurt-Sauce

In der orientalischen Küche sind Spiesse eine beliebte Art, Fleisch zuzubereiten. In der Regel wird Lammfleisch dafür verwendet, doch eignet sich auch Schweine- oder gut gelagertes Rindfleisch (z.B. Filet, Huft, Hohrücken). Bereichern kann man die Spiesse, indem man Peperonistücke, Zucchinirädchen oder Zwiebelviertel abwechselnd mit den Fleischwürfeln aufsteckt.

30 Minuten

Ca. 400 g entbeinter Lammgigot (-keule)
1 kleine Zwiebel
50 ml Olivenöl
½ Zitrone
1 Zweig Rosmarin
2 Lorbeerblätter
¼ Teelöffel Zucker
Salz, schwarzer Pfeffer aus der Mühle

Sauce:
½ Becher Joghurt nature oder nordische Sauermilch (ca. 100 g)

Brätkügelchen an Currysauce

Lammspiess mit Koriander-Joghurt-Sauce

1 kleine Frühlingszwiebel
½ Bund glattblättrige Petersilie
½ Teelöffel Korianderpulver
Salz

1 Das Fleisch in gut 2 cm grosse Würfel schneiden, grössere Fettstellen, Sehnen usw. entfernen.

2 Die Zwiebel schälen und an der Bircherraffel zum Olivenöl reiben. Die Zitronenschale dazureiben. Dann den Zitronensaft auspressen und beifügen. Die Rosmarinnadeln fein hacken. Mit den Lorbeerblättern, dem Zucker, Salz und Pfeffer zur Ölmischung geben. Die Fleischwürfel beifügen und alles gut mischen.

3 Für die Sauce den Joghurt oder die Sauermilch glattrühren. Die Frühlingszwiebel rüsten und mitsamt schönem Grün fein hacken. Die Petersilie ebenfalls hacken. Beides mit dem Korianderpulver unterrühren und die Sauce mit Salz würzen.

4 Die Fleischwürfel auf 2 Spiesse stecken. Ohne weitere Fettzugabe in einer Bratpfanne rundum während 5–7 Minuten braten. Die Lammspiesse mit der Joghurtsauce servieren.

Was dazu passt: Das Balkangemüse von Seite 71, jedoch ohne die rezeptierte Sauce; dafür verdoppelt man die Saucenmenge im Fleischrezept. Auch kleine Champignongratins (Rezept Seite 82) eignen sich als Beilage.

Kalbshacksteak mit Gurkengemüse

Die Deluxe-Ausgabe eines Hamburgers, serviert mit einem ebenso delikaten Gurkengemüse. (Bild Seite 61.)

25 Minuten

1 Scheibe Toast- oder Weissbrot
1 Salatgurke
1 kleine Zwiebel
1 Bund Schnittlauch
300 g gehacktes Kalbfleisch
1 Eigelb
1 Esslöffel geriebener Sbrinz oder Parmesan
1 Teelöffel Senf
Salz, Pfeffer, Paprika
1 Esslöffel Bratbutter
1 Teelöffel Butter
50 ml Rahm
einige Tropfen Zitronensaft

1 Das Brot mit lauwarmem Wasser beträufeln und 5 Minuten ziehen lassen.

2 Inzwischen die Gurke schälen (eventuell nur streifenweise), der Länge nach halbieren, entkernen und in Scheibchen schneiden.

3 Die Zwiebel schälen und fein hacken.

4 Den Schnittlauch in Röllchen schneiden.

5 Das eingeweichte Brot gut ausdrücken und mit dem Wiegemesser fein hacken. Zusammen mit der Hälfte des Schnittlauchs zum Hackfleisch geben. Das Eigelb, den Käse und den Senf beifügen und alles mit Salz, Pfeffer sowie Paprika kräftig würzen. Zu einem Fleischteig mischen. Daraus vier Hacksteaks formen.

6 In einer Bratpfanne die Bratbutter erhitzen. Die Hacksteaks darin bei mittlerer Hitze während ingesamt 8–10 Minuten braten.

7 Gleichzeitig in einer zweiten Pfanne die Butter schmelzen. Die Zwiebel darin hellgelb dünsten. Die Gurkenscheiben beifügen, kurz mitdünsten, dann den Rahm dazugiessen und alles zugedeckt 5 Minuten garen; das Gemüse soll noch knackig sein. Mit Salz, Pfeffer und Zitronensaft würzen. Zuletzt den restlichen Schnittlauch untermischen. Das Gurkengemüse zu den Hacksteaks servieren.

Was dazu passt: Wer eine weitere Beilage wünscht, serviert Salzkartoffeln (Grundrezept Seite 109) oder ein Tomatenrisotto (Rezept Seite 47) dazu.

Doppeltes Schweinssteak an Olivensauce

Das doppelte Schweinssteak wird – wie das berühmte Vorbild Entrecôte double – nach dem Braten quer zur Faser in dünne Tranchen aufgeschnitten. Auf diese Weise zubereitet, bleibt das Fleisch saftig und zart und lässt sich auch schön anrichten. Man sollte die Wermut-Rahmsauce nie mit schwarzen Oliven zubereiten, die dafür ein zu ausgeprägtes Aroma haben.

30 Minuten

1 doppeltes Schweinsteak, ca. 250–300 g schwer, aus dem Nierstück geschnitten
½ Teelöffel Senf
Salz, schwarzer Pfeffer aus der Mühle
2–3 Esslöffel Olivenöl
50 g grüne Oliven
1 Schalotte
1 Knoblauchzehe
1 Teelöffel Butter
50 ml Noilly Prat (trockener Wermut)
50 ml Weisswein
100 ml Rahm
½ Bund Kerbel

1 Den Backofen auf 80 Grad vorheizen und eine Platte mitwärmen.
2 Das Schweinssteak beidseitig dünn mit Senf bestreichen und mit Salz und Pfeffer würzen. In einer Bratpfanne das Olivenöl erhitzen. Das Steak darin rundum – auch an den Seitenrändern! – je nach Dicke 8–10 Minuten anbraten. Dann sofort auf die vorgewärmte Platte geben und im 80 Grad heissen Ofen 20–25 Minuten nachgaren lassen. Die Pfanne beiseite stellen.
3 Die Oliven entsteinen und in Scheiben oder Streifen schneiden.
4 Die Schalotte und die Knoblauchzehe schälen und fein hacken.
5 Im Bratsatz in der beiseite gestellten Pfanne die Butter erhitzen. Die Oliven, die Schalotte und den Knoblauch darin andünsten. Mit Noilly Prat und Weisswein ablöschen und diese gut zur Hälfte einkochen lassen. Dann den Rahm beifügen und die Sauce noch so lange kochen lassen, bis sie leicht cremig bindet. Mit Salz und Pfeffer abschmecken.
6 Den Kerbel fein hacken. Kurz vor dem Servieren zur Sauce geben.
7 Das doppelte Schweinssteak quer zur Faser in dünne Tranchen aufschneiden, auf vorgewärmten Tellern anrichten und mit Sauce überziehen.

Was dazu passt: Als Beilage eignen sich Salzkartoffeln (Grundrezept Seite 109) und/oder in Butter gedünsteter Fenchel.

Kalbsschnitzel an Steinpilzrahmsauce

Die würzige Sauce mit gedörrten Steinpilzen passt nicht nur zu Kalbfleisch, sondern ebenso gut zu Schweinssteaks oder zu Pouletbrüstchen. Das Einweichwasser der Pilze wird in diesem Rezept nicht mitverwendet; es könnte die zarte Sauce dominieren.

25 Minuten

10 g getrocknete Steinpilze
4 mittelgrosse Kalbsschnitzel
Salz, schwarzer Pfeffer aus der Mühle
1 Esslöffel Bratbutter
100 ml Weisswein
1 Schalotte oder kleine Zwiebel
1 Knoblauchzehe
2 frische Salbeiblätter
1 Teelöffel Butter
100 ml Doppelrahm

1 Den Backofen auf 80 Grad vorheizen und eine Platte mitwärmen.
2 Die Steinpilze in heissem Wasser 10 Minuten einweichen.
3 Inzwischen die Kalbsschnitzel mit Salz und Pfeffer würzen. In der heissen Bratbutter je nach Dicke 1½–2 Minuten braten. Dann sofort auf die vorgewärmte Platte geben

Kalbsschnitzel an Steinpilzrahmsauce

und im 80 Grad heissen Ofen 15–20 Minuten nachgaren lassen.
4 Den Bratsatz mit dem Weisswein ablöschen und zur Hälfte einkochen lassen. Den Jus beiseite stellen.
5 Die Schalotte oder Zwiebel sowie den Knoblauch schälen und sehr fein hacken. Die Salbei ebenfalls fein hacken.

Doppeltes Schweinssteak an Olivensauce (vorne)
Kalbshacksteak mit Gurkengemüse (hinten)

CROMARGAN

6 Die Steinpilze abschütten und gut ausdrücken.

7 In einer kleinen Pfanne die Butter schmelzen. Die Schalotte oder Zwiebel, den Knoblauch und die Salbei darin unter Wenden andünsten. Dann die Steinpilze beifügen und kurz mitdünsten. Mit dem Bratjus ablöschen. Den Doppelrahm beifügen und die Sauce noch so lange kochen lassen, bis sie leicht bindet. Mit Salz und Pfeffer abschmecken.

8 Zum Servieren die Kalbsschnitzel mit der Sauce auf vorgewärmten Tellern anrichten.

Was dazu passt: Zum Beispiel ein Broccoligemüse und feine grüne Nudeln. Ebenfalls eine geschmacklich und farblich attraktive Beilage ist ein Safranrisotto.

Rumpsteak an Kräutersauce

Das Roastbeef, jener Teil des Rinderrückens, der von der letzten Rippe bis zur Keule verläuft, liefert viele ausgezeichnete Fleischstücke. Eines davon ist das Rumpsteak. Damit seine Qualität stimmt, sollte es von einem gut gelagerten Stück stammen, sonst ist es gerne zäh; unbedingt beim Metzger nachfragen. Im Zweifelsfalle kann man jedoch ebenso gut ein Hohrücken- oder Huftsteak verwenden.

25 Minuten

2 Rumpsteaks, je ca. 1 cm dick geschnitten
Salz, schwarzer Pfeffer
1 Esslöffel Bratbutter
50 ml weisser Portwein oder Noilly Prat (trockener Wermut)
1 Schalotte
1 Esslöffel Butter
50 ml Weisswein
50 ml Doppelrahm
½ Bund Petersilie
½ Bund Schnittlauch
1 kleiner Zweig Rosmarin
2 Salbeiblätter
½ Teelöffel Senf
1 Prise Curry

1 Den Backofen auf 80 Grad vorheizen und eine Platte mitwärmen.

2 Das Fleisch mit Salz und Pfeffer würzen. In einer Bratpfanne die Bratbutter erhitzen. Die Rumpsteaks auf der ersten Seite etwa 1½ Minuten, auf der zweiten Seite 1 Minute braten. Sofort auf die vorgewärmte Platte geben und im Ofen bei 80 Grad 15–20 Minuten nachgaren lassen; sie sollen innen noch gut rosa sein.

3 Den Bratsatz mit dem Portwein oder Noilly Prat auflösen und beiseite stellen.

4 Die Schalotte sehr fein hacken.

5 In einer kleinen Pfanne die Butter schmelzen. Die Schalotte darin andünsten. Mit dem Bratjus und dem Weisswein ablöschen. Gut zur Hälfte

einkochen lassen. Den Doppelrahm beifügen. Die Sauce beiseite stellen.
6 Alle Kräuter fein schneiden.
7 Vor dem Servieren die Sauce nochmals aufkochen. Senf, Curry und die Kräuter dazurühren. Die Sauce noch einen Moment kochen lassen, dann mit Salz und Pfeffer abschmecken. Separat zum Fleisch servieren.

Was dazu passt: Zum Beispiel die nachfolgend rezeptierte Kartoffel-Gemüse-Pfanne oder eine Gemüsepaella (Rezept Seite 42).

Kartoffel-Gemüse-Pfanne

Gemüse- und Stärkebeilage in einem: Kartoffeln werden zusammen mit Peperoni und Zucchini gebraten. Das Gericht ist schnell zubereitet und passt auch zu vielen Fleischgerichten.

20 Minuten

2 mittelgrosse Kartoffeln
1 rote Peperoni (Paprika)
1 mittelgrosse Zucchini
1 Esslöffel Bratbutter
Salz, Pfeffer

1 Die Kartoffeln schälen und in Scheiben schneiden oder klein würfeln.
2 In einer beschichteten Bratpfanne die Butter erhitzen. Die Kartoffeln darin unter gelegentlichem Wenden 8 Minuten braten.
3 Inzwischen die Peperoni halbieren, entkernen und würfeln. Den Stielansatz der Zucchini entfernen und das Gemüse ungeschält in Scheiben schneiden.
4 Peperoni und Zucchini zu den Kartoffeln geben, alles mit Salz und Pfeffer würzen und während weiteren 8–10 Minuten fertig braten.

Parmesanschnitzel mit Zucchini

Rumpsteak an Kräutersauce mit Kartoffel-Gemüse-Pfanne

Parmesanschnitzel mit Zucchini

Mit einem Gemüsehobel lassen sich die Zucchini einfach und schnell in attraktive lange, dünne Scheiben schneiden. Fehlt ein solches Gerät im Haushalt, kann man das Gemüse selbstverständlich auch in ganz normale runde Scheibchen schneiden. Anstelle von Parmesan kann man zum Panieren der Schnitzel auch geriebenen Sbrinz oder einen gut gelagerten Bergkäse verwenden.

30 Minuten

2 grosse Kalbsschnitzel
Salz, schwarzer Pfeffer aus der Mühle
1 Teelöffel Mehl
ca. 50 g geriebener Parmesan
2 Eigelb
1 Esslöffel Rahm
400 g Zucchini
1 Schalotte oder kleine Zwiebel
2–3 Esslöffel Olivenöl
½ Teelöffel Thymianblättchen
1 Esslöffel Bratbutter

1 Die Kalbsschnitzel mit Salz und Pfeffer würzen. Das Mehl in ein Kaffeesiebchen geben und das Fleisch damit beidseitig bestäuben; überschüssiges Mehl abklopfen.
2 In einem Suppenteller den Parmesan bereitstellen. In einem zweiten Teller die Eigelbe und den Rahm verquirlen. Die Schnitzel darin wenden, bis sie vollständig von der Eimischung überzogen sind. Dann in den Teller mit dem Parmesan geben und die Schnitzel gleichmässig mit Käse panieren. Mindestens 5 Minuten ruhen lassen.
3 Inzwischen die Zucchini ungeschält der Länge nach auf einem Gemüsehobel in dünne Scheiben schneiden.
4 Die Schalotte oder Zwiebel schälen und fein hacken.
5 In einer weiten Pfanne das Olivenöl erhitzen. Die Schalotte oder Zwiebel darin hellgelb dünsten. Die Zucchini beifügen und kurz mitbraten. Mit Salz, Pfeffer und Thymian würzen. 2–3 Esslöffel Wasser dazugeben und das Gemüse zugedeckt auf kleinem Feuer weich dünsten.
6 In einer beschichteten Bratpfanne die Bratbutter erhitzen. Die Parmesanschnitzel darin bei milder Hitze 10 Minuten braten; nach der Hälfte der Bratzeit sorgfältig wenden.
Mit den Zucchini auf vorgewärmten Tellern anrichten.

Was dazu passt: Zum Beispiel Penne, die man mit in Zwiebeln und Knoblauch gedünsteten halbierten Cherrytomaten mischt.

Scampispiesse mit Knoblauch

Zu den bekanntesten und gesuchtesten Spezialitäten unter den Krustentieren gehört der Kaisergranat, bei uns besser unter der italienischen Bezeichnung Scampi bekannt. Er kann sehr gut durch eine der zahlreichen Riesencrevettenarten ersetzt werden. Sowohl Scampi wie Riesencrevetten sind bei uns vorwiegend tiefgekühlt erhältlich, dies jedoch in recht guter Qualität, weil sie schon an Bord der Fangschiffe eingefroren werden. Sie sind auch ein praktischer Vorrat. Ihre Zubereitung ist unkompliziert und schnell; die meisten Zutaten dafür sind in jedem Haushalt vorrätig.

15 Minuten

8–10 Scampi oder Riesencrevetten
8 Knoblauchzehen
2 Esslöffel Olivenöl
2 lange Holzspiesse
40 g weiche Butter
1 Messerspitze Salz
frisch gemahlener Pfeffer aus der Mühle

Scampispiesse mit Knoblauch

abgeriebene Schale von ½ Limone oder Zitrone
1 Teelöffel Limonen- oder Zitronensaft
1 Schalotte oder kleine Zwiebel
6 Basilikumblätter
1 Limone oder Zitrone für die Garnitur

1 Wenn nötig die Scampi oder Riesencrevetten aus der Schale brechen, am Rücken leicht einschneiden und den schwarzen Darmfaden entfernen.
2 Die Knoblauchzehen schälen. In der Bratpfanne, in der man später auch die Spiesse zubereitet, das Olivenöl erhitzen und die ganzen Zehen darin golden braten. Herausnehmen und auf Küchenpapier abtropfen lassen. Die Pfanne mit dem restlichen Öl beiseite stellen.
3 Abwechelnd Scampi oder Riesencrevetten mit den Knoblauchzehen auf zwei Holzspiesse stecken.
4 Die Butter mit einer Kelle rühren, bis sich kleine Spitzchen bilden, Salz, Pfeffer, Limonen- oder Zitronenschale sowie -saft beifügen und einarbeiten. Die Schalotte oder Zwiebel schälen und zusammen mit den Basilikumblättern fein hacken. Unter die Butter rühren.
5 Die Limone oder Zitrone in Scheiben schneiden.
6 Die Limonenbutter in die Bratpfanne mit dem Olivenöl geben und mässig heiss werden lassen. Die Scampispiesse darin auf jeder Seite etwa 1½ Minuten sanft braten.
Auf vorgewärmten Tellern anrichten und mit der in der Pfanne verbliebenen Butter-Öl-Mischung beträufeln. Mit Limonen- oder Zitronenscheiben garnieren.

Was dazu passt: Frisches Pariserbrot, mit dem man die köstliche Buttersauce auftunken kann, sowie nach Belieben ein grüner Blattsalat oder ein Tomatensalat.

Rotzungenfilets mit Mandel-Zitronen-Butter

Die Rotzunge gehört wie die verwandte Seezunge zu den kleinen Plattfischen und ergibt ausgezeichnete zarte Fischfilets. In diesem Rezept lässt man sie in einem Weissweinsud mit fein geschnittenem Gemüse gar ziehen – eine besonders schonende Zubereitungsart. Auch Lachsforellenfilets, Goldbutt oder Dorsch können auf diese Weise zubereitet werden. (Bild Seite 66.)

20 Minuten

1 mittelgrosse Karotte
½ kleine Lauchstange
200 ml Weisswein
200 ml Gemüsebouillon
250–300 g Rotzungen- oder Kabeljaufilets
20 g Mandelblättchen
40 g Butter
abgeriebene Schale von ½ Zitrone
1 Teelöffel Zitronensaft

1 Die Karotte und den Lauch rüsten und in dünne, etwa 5 cm lange Streifen schneiden.
2 Den Weisswein, die Bouillon und die Gemüsestreifen zusammen aufkochen. Auf kleinem Feuer 8–10 Minuten leise kochen lassen.
3 Die Fischfilets nach Belieben halbieren und in den Sud geben. Zugedeckt vor dem Siedepunkt je nach Dicke und Fischsorte 3–5 Minuten gar ziehen lassen.
4 Inzwischen die Mandelblättchen in einer trockenen Pfanne ohne Fettzugabe hellbraun rösten. Butter und Zitronenschale beifügen und aufschäumen lassen. Den Zitronensaft dazugeben und die Pfanne sofort vom Feuer nehmen.
5 Die Fischfilets zusammen mit einigen Gemüsestreifen mit einer Schaumkelle sorgfältig aus dem Sud heben, abtropfen lassen und auf vorgewärmten Tellern anrichten. Die Mandel-Zitronen-Butter darüber geben.

Was dazu passt: Trockenreis oder Salzkartoffeln (Grundrezepte Seite 109 und 110), die man nach Belieben in geschmolzener Butter wendet und mit gehackter Petersilie oder Dill verfeinert.

Zanderfilets mit Szechuanpfeffer

Szechuanpfeffer, auch Anispfeffer genannt, besteht aus den getrockneten Beeren eines orientalischen Strauches. Er ist eher aromatisch als pfeffrig, und man verwendet ihn vor allem in der chinesischen Küche für viele pikante Gerichte. Um seinen würzigen Duft freizusetzen, wird Szechuanpfeffer vor dem Zerstossen oder Mahlen in einer trockenen Pfanne ohne Fettzugabe angeröstet. Anstelle von Zanderfilets kann man für dieses Gericht auch sehr gut Egli verwenden.

30 Minuten

5 g Szechuanpfeffer
1 Messerspitze Salz
½ Esslöffel brauner Zucker
ca. 250 g Egli- oder Zanderfilets
150 g Chinakohl
1 rote Peperoni (Paprika)
1 grosse Karotte
1 Stück Knollensellerie in der Grösse der Karotte
1 Knoblauchzehe
50 ml Hühnerbouillon
2 Esslöffel Sojasauce
1 Teelöffel Speisestärke (Maizena)
Erdnussöl zum Braten

1 Den Szechuanpfeffer und das Salz in eine trockene kleine Pfanne geben und unter Rühren etwa 3 Minuten leicht rösten. In einen Mörser geben und zerstossen oder mit dem Wiegemesser hacken. Mit dem Zucker mischen.

Zanderfilets mit Szechuanpfeffer (vorne)
Rotzungenfilets mit Mandel-Zitronen-Butter (hinten)

2 Die Zanderfilets in breite Streifen schneiden. Mit der Pfeffermischung bestreuen.
3 Den Chinakohl rüsten. Die Peperoni halbieren und entkernen. Die Karotte und den Knollensellerie schälen. Alle Gemüse in feine, nicht zu lange Streifen schneiden. Den Knoblauch schälen und in Scheibchen schneiden.
4 Die Bouillon, die Sojasauce und die Speisestärke zusammen verrühren.
5 Im Wok oder in einer Bratpfanne etwas Öl erhitzen. Die Fischstreifen nur gerade gut 1 Minute braten, dann warm stellen.
6 Nochmals etwas Öl in die Pfanne geben und erhitzen. Alle Gemüse sowie den Knoblauch beifügen. Unter ständigem Wenden 3–4 Minuten braten. Dann die Bouillonmischung dazugiessen und kurz aufkochen. Die Fischstreifen auf das Gemüse legen und wieder gut heiss werden lassen. Sofort servieren.

Was dazu passt: Trockenreis (Grundrezept Seite 110) oder gebratener chinesischer Reis (mit Erbsen, Schinkenwürfelchen und Rührei).

Dorsch mit Lauchkruste

Lauch wird zusammen mit Butter und fein gehacktem Brot zu einer Paste verarbeitet, mit der man Fischtranchen bestreicht, die im Ofen überbacken und dann auf Rahmlauch angerichtet werden. Anstelle von Dorsch kann das Gericht auch mit Flunder, Zackenbarsch, Kabeljau oder Zander zubereitet werden.

30 Minuten

250 g Lauch
25 g weiche Butter
Salz
1 Prise Cayennepfeffer
1 Teelöffel Zitronensaft
1 Scheibe Toastbrot
2 Tranchen Dorschfilets, je ca. 125 g schwer
ca. 50 ml Weisswein
50 ml Rahm
schwarzer Pfeffer aus der Mühle

1 Den Lauch rüsten, waschen und in feine Streifen schneiden. Etwa ½ l

Dorsch mit Lauchkruste

Salzwasser aufkochen. Den Lauch hineingeben und nur gerade 1 Minute vorkochen (blanchieren). Abschütten und gut abtropfen lassen.
2 Den Backofengrill auf 230 Grad vorheizen.
3 Die Butter mit einer Kelle so lange rühren, bis sich Spitzchen bilden. Mit

Salz, Cayennepfeffer und Zitronensaft würzen.

4 Das Toastbrot entrinden und sehr fein hacken. Mit einem Drittel des vorgekochten Lauchs sowie der Zitronenbutter zu einer Paste verrühren.

5 Die Fischfilets leicht salzen und mit der Lauchbutter bestreichen. In eine Gratinform legen und mit dem Weisswein umgiessen.

6 Die Dorschfilets in der Mitte des Ofens einschieben und unter dem Grill während 6–8 Minuten backen, bis eine leichte Kruste entstanden ist.

7 Gleichzeitig den restlichen Lauch mit dem Rahm in eine Pfanne geben, etwa 3 Minuten kochen lassen und mit Salz sowie Pfeffer würzen.

8 Das Lauchgemüse auf vorgewärmte Teller geben und die Fischfilets darauf anrichten.

Was dazu passt: Trockenreis oder Salzkartoffeln (Grundrezepte Seite 109 und 110).

Lachs im Gemüsedampf

Fisch bleibt beim Garen im aufsteigenden Dampf schön saftig und fest, und die speziellen Aromen der verschiedenen Fischsorten kommen besonders gut zur Geltung. Für dieses Gericht wird der Fisch auf ein Gemüsebett gelegt, das mit frischem Ingwer gewürzt ist, und im Dampf von Noilly Prat, einem speziell aromatisch-trockenen französischen Wermut, und Weisswein gar ziehen gelassen. Anstelle von Lachs kann man auch Lachsforellen- oder Saiblingfilets verwenden.

30 Minuten

1 Frühlingszwiebel
2 Karotten
3 Zweige Stangensellerie
100 g Champignons
1 kleines Stück frischer Ingwer, ca. 1 cm lang
Salz, schwarzer Pfeffer aus der Mühle
20 g Butter
50 ml Noilly Prat (trockener Wermut)
100 ml Weisswein
ca. 300 g Lachsfilet (wenn möglich aus dem Mittelstück)
½ Bund Kerbel
50 ml Crème fraîche

1 Die Frühlingszwiebel rüsten und je nach Grösse vierteln oder achteln. Die Karotten, den Stangensellerie und die Champignons rüsten und alle Gemüse in Scheibchen schneiden. Den Ingwer schälen und sehr fein hacken oder reiben.

2 Das Gemüse in eine eher weite Pfanne geben und mit Salz sowie Pfeffer würzen. Den Ingwer darüber streuen und die Butter in kleinen Flocken auf dem Gemüse verteilen. Den Noilly Prat und den Weisswein dazugiessen. Alles zugedeckt auf kleinem Feuer 10 Minuten kochen lassen.

3 Inzwischen das Lachsfilet halbieren, so dass 2 Tranchen entstehen. Mit Salz und Pfeffer würzen.

4 Den Kerbel fein hacken und mit der Crème fraîche verrühren. Leicht salzen und pfeffern.

5 Nach 10 Minuten Kochzeit die Lachstranchen auf das Gemüsebett legen. Zugedeckt je nach Dicke während 5–7 Minuten gar ziehen lassen. Den Fisch auf einer vorgewärmten Platte anrichten und zugedeckt warm stellen (z.B. im 100 Grad heissen Ofen).

6 Etwas Garflüssigkeit mit der Crème fraîche verrühren, zum Gemüse geben, alles sorgfältig mischen und mit Salz sowie Pfeffer abschmecken. Über den Fisch geben.

Was dazu passt: Trockenreis oder Salzkartoffeln (Grundrezepte Seite 109 und 110).

Lachs im Gemüsedampf

Die «grüne» Küche: **Raffinierte Gemüserezepte**

Balkangemüse

Leicht und unkompliziert: Mundgerecht geschnittenes Gemüse wird in Olivenöl knackig gebraten und mit einer pikant gewürzten Joghurtsauce serviert. Die Gemüse können je nach Jahreszeit und persönlichem Geschmack variiert werden. Das Gericht ergibt übrigens auch eine originelle Beilage zu vielen Grillspezialitäten.

25 Minuten

1 kleine Aubergine
je 1 gelbe und rote Peperoni (Paprika)
4 kleine Zwiebeln
2 Karotten
1 mittelgrosse Zucchini
100 g Champignons
4–5 Esslöffel Olivenöl
Salz, Pfeffer aus der Mühle
1 Knoblauchzehe

Sauce:
1 Becher Joghurt nature (180 g)
Salz
Korianderpulver
Muskatnuss
Cayennepfeffer

1 Die Gemüse waschen, rüsten und mit Ausnahme der Champignons in mundgerechte, jedoch nicht zu kleine Stücke schneiden. Die Pilze ganz lassen.
2 In einer grossen Bratpfanne das Olivenöl erhitzen. Zuerst die Gemüse mit längerer Garzeit (Auberginen, Peperoni, Zwiebeln, Karotten) bei mittelgrosser Hitze halb zugedeckt etwa 5 Minuten vorbraten; öfter wenden.
3 Die Zucchini und Champignons beifügen. Die Knoblauchzehe schälen und dazupressen. Das Gemüse mit Salz und Pfeffer würzen. Zugedeckt nochmals 5–8 Minuten braten.
4 Während das Gemüse gart, für die Sauce den Joghurt in einem Schüsselchen verrühren und mit den Gewürzen pikant würzen. Separat zum heissen oder lauwarmen Gemüse servieren.

Was dazu passt: Das Balkangemüse kann mitsamt etwas Joghurtsauce auch in ein Fladenbrot gefüllt werden. Fladenbrot gibt es vorgebacken zu kaufen und ist gut 1 Woche haltbar. Vor Verwendung aufbacken. Als Beilage passen auch Pariser- oder Olivenbrot.

Linsencurry

Für diese Spezialität aus der indischen Küche wird Garam Masala verwendet, in Indien das Grundgewürz für Currygerichte. Diese werden immer nach eigenem Geschmack mit weiteren Gewürzen abgeschmeckt, hier zum Beispiel mit Kurkuma, Chilischoten und frischem Ingwer. Wer diese Zutaten nicht im Vorrat hat oder sie nicht kaufen will, kann anstelle von Garam Masala und den rezeptierten Gewürzen eine fertige Currymischung, wie zum Beispiel Madras-Curry, verwenden. Die roten oder gelben Linsen, die für das Gericht gewählt werden, sind geschält und haben nur eine kurze Kochzeit.

20 Minuten

200 g rote oder gelbe Linsen
½ l Wasser
½ Teelöffel Salz
½ Teelöffel Kurkuma
1 getrocknete rote Chilischote
1 mittelgrosse Zwiebel
2 Knoblauchzehen
1 kleines Stück frischer Ingwer, ca. 1 cm lang
4 mittelgrosse Tomaten
1 Esslöffel Butter
1 gehäufter Teelöffel Garam Masala oder ersatzweise Currypulver
2 Esslöffel Doppelrahm
2 Esslöffel Joghurt nature
einige Minz- oder Korianderblätter

1 Die Linsen mit Wasser, Salz, Kurkuma und Chilischote in einen Topf geben. Zugedeckt aufkochen, dann auf kleinem Feuer etwa 10 Minuten leise kochen lassen, bis die Linsen weich sind.
2 Während die Linsen kochen, Zwiebel, Knoblauch und Ingwer schälen und fein hacken. Die Tomaten kurz in kochendes Wasser tauchen, schälen und klein würfeln.
3 Die Butter erhitzen. Zwiebel, Knoblauch und Ingwer darin andünsten. Garam Masala oder Curry darüber streuen, alles gut mischen, dann die Tomaten beifügen. Zugedeckt auf kleinem Feuer 8–10 Minuten leise kochen lassen. Am Schluss den Doppelrahm und den Joghurt untermischen und die Sauce mit Salz abschmecken.
4 Die Linsen unter die Tomatensauce mischen und nur noch gut heiss werden lassen. Minze oder Koriander hacken und darüber streuen.

Was dazu passt: Gut schmecken Salzkartoffeln (Grundrezept Seite 109) als Beilage.

Linsencurry (links) und Balkangemüse (rechts)

Maispizza mit Gemüse

Eine dicke Polenta ersetzt den Hefeteig, doch ansonsten wird diese «Pizza» wie das Original mit Gemüse und Mozzarella belegt und im Ofen gebacken. Unbedingt eine so genannte Schnell- oder 2-Minuten-Polenta verwenden (normaler Maisgriess hat eine Kochzeit von mindestens ½ Stunde).

30 Minuten

½ l Wasser
1 Teelöffel Salz
125 g 2-Minuten-Polenta
1 gelbe Peperoni (Paprika)
1 mittelgrosse Zucchini
1 kleine Zwiebel
2 Esslöffel Olivenöl
¼ Teelöffel getrockneter Thymian
Salz, Pfeffer
400 g Dosentomaten (Pelati)
1 Mozzarella (ca. 150 g)

1 Das Wasser mit dem Salz aufkochen. Den Mais unter Rühren einrieseln lassen. Unter gelegentlichem Umrühren auf kleinstem Feuer zu einem dicken Brei ausquellen lassen.
2 Inzwischen die Peperoni halbieren, entkernen und in kleine Stücke schneiden. Die Zucchini ungeschält der Länge nach vierteln und in Würfel schneiden. Die Zwiebel schälen und fein hacken.
3 Das Olivenöl erhitzen. Die Zwiebel darin hellgelb dünsten. Peperoni und Zucchini beifügen und mit Thymian, Salz und Pfeffer würzen. Unter häufigem Wenden bissfest dünsten; falls nötig 1–2 Esslöffel Wasser beifügen.
4 Ein Kuchenblech von 20 cm Durchmesser grosszügig ausbuttern. Die Polenta auf dem Boden ausstreichen. Das Gemüse darauf verteilen. Die Tomaten in ein Sieb abschütten, abtropfen lassen (Saft anderweitig verwenden), halbieren und zwischen dem Gemüse verteilen. Den Mozzarella würfeln und auf die Pizza geben. Mit Pfeffer würzen.
5 Die Maispizza im auf 220 Grad vorgeheizten Ofen auf der untersten Rille während etwa 15 Minuten backen. Sehr heiss servieren.

Was dazu passt: Zum Beispiel grüner Blattsalat oder Gurkensalat an einer Sauermilch- oder Joghurtsauce.

Gebratener Fenchel mit Olivensauce

Wohl bei kaum einem zweiten Gemüse gehen die Meinungen so auseinander wie bei Fenchel: Entweder man liebt oder man verabscheut ihn. Für alle, die ihn nicht mögen, eine freudige Botschaft: Man kann auf die gleiche Weise auch der Länge nach halbierte kleinere Zucchini, Peperonihälften oder der Länge nach in dicke Scheiben geschnittene Auberginen zubereiten.

Maispizza mit Gemüse

15 Minuten

4 mittelgrosse Fenchelknollen
3–4 Esslöffel Olivenöl
Salz

Olivensauce:
8 grüne Oliven ohne Stein
½ Becher Joghurt nature (ca. 100 g)
½ Becher saurer Halbrahm (ca. 75 g)
1 Esslöffel Olivenöl
Saft von ¼ Zitrone
1 Knoblauchzehe
Salz, schwarzer Pfeffer aus der Mühle

1 Den Fenchel rüsten, dabei beachten, dass die Knollen am Strunk zusammenhalten. Schönes Fenchelgrün fein hacken und beiseite stellen. Die Fenchelknollen längs durch den Strunk in etwa ½ cm dicke Scheiben schneiden.
2 In einer Bratpfanne das Olivenöl erhitzen. Die Fenchelscheiben hineingeben, leicht salzen und von beiden Seiten hellbraun braten. Zuletzt mit dem Fenchelgrün bestreuen.
3 Während der Fenchel brät, die Sauce zubereiten: Die Oliven fein hacken. Mit dem Joghurt, dem sauren Halbrahm, dem Olivenöl und Zitronensaft zu einer Sauce verrühren. Den Knoblauch schälen und dazupressen. Mit Salz und Pfeffer würzen. Die Olivensauce separat zum Fenchel servieren.

Was dazu passt: Gut schmecken in Butter gebratene kleine Kartoffeln als Beilage; dann eventuell die Saucenmenge verdoppeln, da sie auch gut zu den Kartoffeln passt.

Gebratener Fenchel mit Olivensauce

Spinatgratin mit Champignons

Wenn man die Wahl und die Zeit hat, sollte man unbedingt frischen Spinat verwenden; er schmeckt unvergleichlich besser als das tiefgekühlte Produkt, auch wenn dieses ein praktischer Vorrat ist. Auf die gleiche Weise kann auch Blattmangold oder in Streifen geschnittener und kurz vorgedünsteter Lattich zubereitet werden.
(Bild Seite 74.)

30 Minuten

500 g frischer oder 300 g tiefgekühlter Blattspinat
200 g Champignons
1 mittelgrosse Zwiebel
1 Esslöffel Butter
100 ml Rahm
Salz, schwarzer Pfeffer aus der Mühle
1 Prise Muskatnuss
1 Eigelb
30 g geriebener Greyerzer

1 Frischen Spinat gründlich waschen. Tropfnass in einen grossen Topf geben und im eigenen Saft nur so lange dünsten, bis er zusammengefallen ist. In ein Sieb abschütten und sehr gut ausdrücken. Tiefgekühlten Spinat antauen lassen; damit es schneller geht, kann man ihn in der Packung in heisses Wasser legen. Dann auseinander zupfen.

2 Die Champignons rüsten und in Scheiben schneiden.

3 Die Zwiebel schälen und fein hacken.

4 Die Butter schmelzen und die Zwiebel darin andünsten. Die Hitze höher stellen, die Champignons beifügen und kurz braten; ziehen die Pilze Saft, diesen vollständig verdampfen lassen.

5 Den Spinat und den Rahm beifügen und alles auf mittlerem Feuer noch so lange offen kochen lassen, bis der Rahm den Spinat leicht bindet. Mit Salz, Pfeffer und Muskat würzen. Von der Herdplatte nehmen. Das Eigelb untermischen. Den Spinat in eine ausgebutterte Gratinform geben. Mit dem Käse bestreuen.

6 Den Spinat-Champignon-Gratin im auf 220 Grad vorgeheizten Ofen auf der zweituntersten Rille 12–15 Minuten überbacken. Heiss servieren.

Was dazu passt: Zum Beispiel Salzkartoffeln (Grundrezept Seite 109) oder in Butter gebratene neue Kartoffeln.

Zucchinikuchen

Ein Kuchen ohne Teig: Kurz gebratene Zucchini werden in eine mit Paniermehl (Semmelbröseln) ausgestreute Gratinform geschichtet, mit einem Guss aus Rahm, Ei, Käse und Basilikum übergossen, mit Paniermehl bestreut und im Ofen gebacken – das Resultat schmeckt sowohl heiss wie lauwarm oder ausgekühlt serviert.

Spinatgratin mit Champignons

Zucchinikuchen

30 Minuten

300 g eher kleinere Zucchini
2–3 Esslöffel Olivenöl
1 Knoblauchzehe
Salz, schwarzer Pfeffer aus der Mühle
3 Esslöffel Paniermehl (Semmelbrösel)
½ Bund Basilikum
2 Eier
3–4 Esslöffel Rahm
25 g frisch geriebener Sbrinz oder Parmesan
einige Butterflöckchen

1 Den Stielansatz der Zucchini entfernen und die Früchte ungeschält in Scheiben schneiden.

2 In einer Bratpfanne das Olivenöl erhitzen. Die Zucchini darin unter gelegentlichem Wenden ohne Zugabe von Flüssigkeit weich braten. Vorsicht: Die Zucchini nicht zu stark bräunen!

3 Am Schluss den Knoblauch schälen und dazupressen. Die Zucchini mit Salz und Pfeffer würzen. Vom Feuer nehmen.

4 Eine Pieform oder ein Kuchenblech von etwa 18 cm Durchmesser oder eine Gratinform sehr grosszügig ausbuttern. Mit knapp der Hälfte des Paniermehls ausstreuen (auch den Rand!).

5 Das Basilikum in feine Streifchen schneiden. Mit den Eiern, dem Rahm und dem Käse gut verrühren. Über die Zucchini geben und alles gut mischen. Sofort in die vorbereitete Form geben. Mit dem restlichem Paniermehl bestreuen und grosszügig mit Butterflocken belegen.

6 Den Zucchinikuchen im auf 225 Grad vorgeheizten Ofen auf der zweituntersten Rille während etwa 15 Minuten goldbraun backen. Aus der Form lösen, auf eine Platte geben und zum Servieren in Stücke schneiden.

Was dazu passt: Zum Beispiel ein grüner Blattsalat oder Rucolasalat mit Cherrytomaten.

Geschmorte Gurken an Paprika-Rahm-Sauce

Gurken werden bei uns hauptsächlich für Salat verwendet. Genauso gut schmecken sie jedoch als Gemüse, in diesem Gericht an einer würzigen Paprikasauce geschmort. Auf die gleiche Weise können auch Zucchini zubereitet werden. Gewöhnlich enthalten die neuen Gurkensorten keine Bitterstoffe. Bei Freilandgurken empfiehlt sich jedoch ein Test: Die Bitterstoffe konzentrieren sich am Stiel; deshalb von dort ein kleines Stück kosten. Aus demselben Grund die Gurken auch immer in einer Richtung, vom Blüten- zum Stielansatz hin schälen. Im Gemüsefach des Kühlschranks halten sich Gurken eine gute Woche frisch. (Bild Seite 76.)

20 Minuten

500 g Salat- oder Freilandgurken (Nostrano)
1 mittelgrosse Zwiebel
1 Knoblauchzehe
1 Esslöffel Butter
1 gehäufter Teelöffel edelsüsser Paprika
25 g Tomatenpüree
50 ml Weisswein
Salz, schwarzer Pfeffer aus der Mühle
½ Bund Dill
100 ml Crème fraîche
1 Prise Cayennepfeffer

1 Die Gurken nach Belieben ganz oder in Streifen schälen. Der Länge nach halbieren und die Kerne mit einem scharfkantigen Löffel herauskratzen. Die Gurkenhälften in nicht zu dünne Scheiben schneiden.

2 Die Zwiebel und den Knoblauch schälen und fein hacken.

3 In einer mittelgrossen Pfanne die Butter erhitzen. Die Zwiebel und den Knoblauch darin andünsten. Den Paprika darüber streuen und kurz mitdünsten. Dann das Tomatenpüree beifügen und ebenfalls kurz mitrösten. Mit dem Weisswein ablöschen. Die Gurken beifügen, mit Salz und Pfeffer würzen. Das Gemüse zugedeckt während 10–12 Minuten weich dünsten.

4 Inzwischen den Dill fein hacken.

5 Etwas Kochflüssigkeit mit der Crème fraîche verrühren und diese zu den Gurken geben. Den Dill beifügen und alles sorgfältig mischen. Das Gemüse mit Salz und einer Prise Cayennepfeffer pikant abschmecken.

Was dazu passt: Als Beilage zu einer fleischlosen Mahlzeit gibt es Salzkartoffeln (Grundrezept Seite 109). Gut schmecken dazu aber auch eine Bratwurst oder Cippolata-Würstchen.

Tomatengratin

In dicke Scheiben geschnittene Tomaten an einem Käse-Rahm-Guss sind ein unkompliziertes kleines Essen, das in 10 Minuten vorbereitet ist – den Rest erledigt der Backofen! Auf die gleiche Weise können auch in Scheiben geschnittene Zucchini oder Viertel von Peperoni zubereitet werden. In diesem Fall jedoch die Ofentemperatur auf 180 Grad reduzieren und den Gratin dafür länger – etwa 30 Minuten – backen.

30 Minuten

4 grosse Fleischtomaten
etwas Butter
Salz, Pfeffer aus der Mühle
½ Bund Petersilie
1 Esslöffel Paniermehl (Semmelbrösel)
50 g geriebener Greyerzer
100 ml Rahm
1 Ei
1 Knoblauchzehe

Zuckermaisgratin (vorne) und Tomatengratin (hinten)

Geschmorte Gurken an Paprika-Rahm-Sauce

1 Den Backofen auf 200 Grad vorheizen.
2 Die Tomaten waschen, den Stielansatz herausschneiden und die Früchte in dicke Scheiben schneiden.
3 Eine Gratinform ausbuttern und die Tomaten ziegelartig einschichten. Mit Salz und Pfeffer würzen.
4 Die Petersilie fein hacken. Mit dem Paniermehl und 1 Esslöffel geriebenem Greyerzer mischen.
5 Den restlichen Greyerzer mit Rahm und Ei verrühren. Die Knoblauchzehe schälen und dazupressen. Die Masse mit Salz und Pfeffer pikant würzen und über die Tomaten verteilen. Die Paniermehl-Käse-Mischung darüber streuen.
6 Den Tomatengratin im 200 Grad heissen Ofen auf der zweituntersten Rille während 15–20 Minuten backen.

Was dazu passt: Zum Beispiel eine in der Konsistenz eher flüssige Polenta, aber auch Trockenreis, Weissweinrisotto oder einfach frisches Brot (z.B. Oliven- oder Pariserbrot).

Zuckermaisgratin

Maiskörner in der Dose sind ein praktischer Vorrat, sei es für einen Salat oder ein kleines warmes Essen. Hier werden sie zusammen mit Zucchini und Tomaten als Gratin zubereitet. Anstelle von Zuckermais aus der Dose kann man in der Saison auch frische Maiskolben verwenden; man braucht je nach Grösse 3–4 Stück. Zum Ablösen der Körner werden zunächst Hüllblätter und Fäden entfernt; dann stellt man den Maiskolben auf dem Stielansatz auf die Arbeitsfläche und schneidet die Maiskörner mit einem scharfen Messer von oben nach unten vom Kolben. Wichtig: Frischen Zuckermais zusammen mit der Zucchini vordünsten.

30 Minuten

1 mittelgrosse Zucchini
2 grosse Tomaten
Salz, schwarzer Pfeffer aus der Mühle
1 kleine Zwiebel
1 Esslöffel Butter
½ Esslöffel Mehl
100 ml Milch
50 ml Rahm
ca. 250 g Maiskörner aus der Dose
1 Prise Cayennepfeffer
25 g Greyerzer
1 Eigelb
2–3 Esslöffel Paniermehl
einige Butterflocken

1 Den Backofen auf 200 Grad vorheizen.
2 Den Stielansatz der Zucchini entfernen, dann das Gemüse ungeschält klein würfeln.
3 Die Tomaten quer halbieren, entkernen und ebenfalls klein würfeln. Mit Salz und Pfeffer würzen.
4 Die Zwiebel schälen und fein hacken.
5 In einer mittelgrossen Pfanne die Butter schmelzen. Die Zwiebel und die Zucchiniwürfel darin unter Wenden 3–4 Minuten dünsten. Dann das Mehl darüber streuen und kurz mitdünsten. Die Milch und den Rahm dazurühren. Leicht kochen lassen, bis die Sauce bindet. Vom Feuer nehmen.
6 Die Maiskörner gut abtropfen lassen. Mit den Tomaten zur Gemüsesauce geben. Diese pikant mit Salz, Pfeffer und Cayenne würzen.
7 Den Greyerzer fein reiben und mit dem Eigelb ebenfalls unter die Gemüsemasse mischen. Wenn

nötig nachwürzen. In eine gut ausgebutterte Gratinform verteilen, mit dem Paniermehl bestreuen und mit Butterflocken belegen.

8 Den Maisgratin im 200 Grad heissen Ofen auf der zweituntersten Rille während 15–20 Minuten überbacken.

Was dazu passt: Als Vorspeise oder Beilage eignet sich zum Beispiel der Römische Lattichsalat von Seite 12.

Gefüllte Champignons mit Peperoni

Hin und wieder sind im Handel extragrosse Champignons erhältlich, die sich zum Füllen besonders gut eignen. Findet man keine solchen Riesenexemplare, kann man selbstverständlich auch kleinere Pilze verwenden, verdoppelt jedoch die rezeptierte Champignonmenge.

30 Minuten

Je ½ rote und gelbe Peperoni (Paprika)
1 grosse Schalotte
2 Esslöffel Olivenöl
12 sehr grosse Champignons
150 g Rahmquark
50 g geriebener Greyerzer
1 Eigelb
1 Bund Schnittlauch
Salz, Pfeffer aus der Mühle
150 ml Gemüsebouillon
einige Butterflöckchen

1 Die Peperoni entkernen und in kleinste Würfelchen schneiden. Die Schalotte schälen und fein hacken.

2 In einer kleinen Pfanne das Olivenöl erhitzen. Die Schalotte darin andünsten. Die Peperoniwürfelchen beifügen und 3–4 Minuten mitdünsten.

3 Inzwischen die Stiele der Champignons herausdrehen oder mit einem kleinen, spitzen Messer herausschneiden.

4 In einer Schüssel Rahmquark, Greyerzer und Eigelb mischen. Den Schnittlauch mit einer Schere in Röllchen dazuschneiden. Die gedünsteten Peperoni beifügen und alles gut mischen. Mit Salz und Pfeffer würzen.

5 Die Peperoni-Quark-Masse bergartig in die vorbereiteten Champignons füllen. Diese in eine ausgebutterte Gratinform setzen und mit Bouillon umgiessen. Je eine kleine Butterflocke auf die Champignons setzen.

6 Die Champignons im auf 200 Grad vorgeheizten Ofen auf der zweituntersten Rille während 15–20 Minuten backen.

Was dazu passt: Ein Bouillonreis schmeckt gut dazu: Dazu 1 kleine Zwiebel hacken und in Butter andünsten. 150 g Parboiled-Reis beifügen und kurz mitrösten. Mit 50 ml Weisswein sowie ¼ l Gemüse- oder Hühnerbouillon ablöschen. Den Reis unter häufigem Umrühren kochen lassen, bis die Flüssigkeit vollständig aufgenommen ist.

Überbackene Sommertomaten

Für die Füllung dieser Tomaten wurden neben gedünsteten Zucchini so genannte Suppenteigwaren verwendet, die meist sehr klein und daher im Nu gegart sind. Es gibt sie in den verschiedensten Formen, zum Beispiel als Buchstaben, Reis- oder Gerstenkörner, Müschelchen usw. Hat man gerade keine solchen Teigwaren zur Hand, kann man auch Spaghetti in kleine Stücke zerbrechen.

30 Minuten

4 grosse Tomaten
Salz, Pfeffer
50 g Suppenteigwaren (z.B. in Reiskorn- oder Buchstabenform)
1 kleine Zwiebel
1 kleinere Zucchini
6 Basilikumblätter
1 Teelöffel Butter
2–3 Esslöffel Crème fraîche
30 g frisch geriebener Parmesan oder Sbrinz

1 In einem mittelgrossen Topf reichlich Salzwasser aufkochen. Den Backofen auf 220 Grad vorheizen.

2 Die Tomaten waschen. Jeweils das obere Drittel als Deckel abschneiden. Die Kerne und einen Teil des Tomateninneren mit einem scharfkantigen Löffel herauslösen. Die Tomaten mit Salz und Pfeffer ausstreuen, mit der Höhlung nach unten auf einen Gittersatz setzen und kurz abtropfen lassen.

Überbackene Sommertomaten
Gefüllte Champignons mit Peperoni

3 Inzwischen die Teigwaren im kochenden Salzwasser bissfest garen. Abschütten und kalt abschrecken.
4 Gleichzeitig die Zwiebel schälen und fein hacken. Die Zucchini ungeschält an der Röstiraffel reiben. Das Basilikum fein hacken.
5 Die Butter schmelzen und die Zwiebel darin andünsten. Die Zucchini beifügen und 4–5 Minuten mitdünsten. Das Basilikum beifügen und das Gemüse mit Salz sowie Pfeffer würzen.
6 Die Teigwaren, die Crème fraîche sowie den Käse unter das Gemüse mischen und wenn nötig nachwürzen. Bergartig in die Tomaten füllen. Die Deckel wieder aufsetzen.
7 Die Tomaten auf der zweituntersten Rille im 220 Grad heissen Ofen während etwa 15 Minuten backen.

Was dazu passt: Zu diesem abgerundeten kleinen Essen, das sowohl Gemüse wie Teigwaren enthält, braucht es eigentlich keine weitere Beilage. Gut passt als Vorspeise ein gemischter Blattsalat.

Frühlingsgemüse an Kräutersauce

Frühlingsgemüse an Kräutersauce

Natürlich kann man das ganze Jahr hindurch Gemüse auf die rezeptierte Art und Weise zubereiten, aber im Frühling und Frühsommer, wenn das Gemüse noch klein und zart ist, schmeckt es am allerbesten.

30 Minuten

500 g gemischtes Gemüse, gerüstet gewogen (z.B. Radieschen, Kohlrabi, Kefen, grüne Spargeln, Karotten, Broccoli, Blumenkohl, Erbsen)
¼ l Gemüsebouillon
4–5 Esslöffel gemischte Kräuter (Petersilie, Basilikum, Oregano, Rosmarin, Salbei usw.)
100 ml Rahm
Salz, Pfeffer aus der Mühle

1 Das Gemüse rüsten und wenn nötig in mundgerechte Stücke schneiden.
2 In einem eher weiten Topf die Bouillon aufkochen. Das Gemüse beifügen und zugedeckt während 10–15 Minuten knapp weich dünsten.
3 Inzwischen die Kräuter hacken.
4 Das Gemüse mit einer Schaumkelle herausheben und zugedeckt warm stellen. Von der Kochflüssigkeit 100 ml abmessen und in den Topf zurückgeben.
5 Kräuter und Rahm zur Bouillon geben und aufkochen. Mit dem Stabmixer pürieren und mit Salz und Pfeffer abschmecken.
6 Das Gemüse in die Sauce zurückgeben und nur noch gut heiss werden lassen.

Was dazu passt: Das Tüpfchen auf dem i sind neue, in Butter gebratene Kartoffeln.

Gebackene Tomaten American Style

Die originelle Specksauce, welche die ausgebackenen Tomatenscheiben begleitet, passt auch als Dip zu rohem, in Stücke geschnittenem Gemüse (z.B. Karotten, Stangensellerie, Peperoni, Blumenkohl). Anstelle von Tomaten eignen sich auch der Länge nach in dünne Scheiben geschnittene Zucchini oder Auberginen für diese Zubereitungsart; diese müssen allerdings etwas länger gebraten werden als die Tomaten.

20 Minuten

4 feste Fleischtomaten
Salz, schwarzer Pfeffer aus der Mühle
100 g magere Bratspeckscheiben
150 ml saurer Halbrahm oder nordische Sauermilch
½ Bund Schnittlauch
2 Eier
ca. 100 g Paniermehl (Semmelbrösel)
2 Esslöffel Bratbutter

1 Die Tomaten waschen, den Stielansatz entfernen, dann die Früchte in dicke Scheiben schneiden. Beidseitig mit Salz und Pfeffer würzen.
2 Den Bratspeck in Streifchen schneiden. ¼ der Speckmenge auf die Seite legen, den Rest fein hacken.
3 In einer Bratpfanne gleichzeitig in der einen Hälfte die Speckstreifchen, in der anderen Hälfte den gehackten Speck im eigenen Fett knusprig braten. Beides auf Küchenpapier abtropfen lassen, jedoch nicht mischen.
4 Den sauren Halbrahm oder die Sauermilch mit Salz und Pfeffer verrühren. Den gehackten Speck untermischen. Den Schnittlauch mit einer Schere in Röllchen dazuschneiden.

5 In einem Suppenteller die Eier gut verquirlen. In einem zweiten Teller das Paniermehl bereitstellen. Die Tomaten zuerst durch das Ei ziehen, dann im Paniermehl wenden. Die Panade gut andrücken.

6 In einer beschichteten Bratpfanne die Bratbutter erhitzen. Die Tomaten in 2 Portionen goldbraun backen. Auf einer vorgewärmten Platte anrichten und mit den Speckstreifchen bestreuen. Die Specksauce separat dazu servieren.

Was dazu passt: Eine würzige Schweinsbratwurst oder grilliertes Fleisch. Für eine fleischlose Variante wählt man einen Trockenreis oder in Butter gebratene kleine Schalenkartoffeln (Grundrezepte Seite 109 und 110).

Kleiner Champignon-Gratin

Für diesen Gratin werden Champignons zusammen mit Karotten, Zwiebeln und Speck kurz gebraten und dann mit Käse und Paniermehl im Ofen knusprig überbacken. Auch Austernpilze kann man auf diese Weise zubereiten. Bei den Champignons unterscheidet man zwischen den weissen Pilzen mit dem glatten Kopf und jenen mit braunem Hut, der oft eine leicht schuppige Oberfläche aufweist. Kann man wählen, sollte

Gebackene Tomaten American Style

man sich für die braune Sorte entscheiden, da sie mehr Aroma besitzt. Übrigens: Champignonhüte niemals schälen, auch wenn sie Flecken aufweisen; beim Kochen verfärben sie sich ohnehin graubräunlich.

30 Minuten

400 g Champignons
2 Karotten
1 mittelgrosse Zwiebel
50 g Speckwürfelchen
1 Teelöffel getrockneter Oregano
Salz, schwarzer Pfeffer aus der Mühle
2 Esslöffel geriebener Sbrinz oder Parmesan
2 Esslöffel Paniermehl (Semmelbrösel)
einige Butterflöckchen

1 Die Champignons rüsten und in dicke Scheiben schneiden.
2 Die Karotten schälen und klein würfeln.
3 Die Zwiebel schälen und fein hacken.
4 In einer Bratpfanne die Speckwürfelchen im eigenen Fett langsam braten. Die Karotten sowie die Zwiebel beifügen und unter Wenden 2–3 Minuten mitbraten. Dann das Feuer höher stellen. Die Champignons sowie den Oregano beifügen und kurz mitrösten; ziehen die Pilze Saft, diesen vollständig verdampfen lassen. Am Schluss mit Salz und Pfeffer würzen. In zwei ausgebutterte Portionenformen oder eine mittelgrosse Gratinform verteilen.
5 Den Sbrinz und das Paniermehl mischen und über die Pilze streuen. Mit Butterflocken belegen.
6 Die Champignons im auf 220 Grad vorgeheizten Ofen auf der zweituntersten Rille während etwa 15 Minuten überbacken.

Was dazu passt: Mit Salat, Reis oder Brötchen servieren.

Kleiner Champignongratin

Mit Volldampf:
Gerichte aus dem Schnellkochtopf

Annas Gulaschsuppe

Von Suppeneintöpfen sagt man, dass sie mit jedem Aufwärmen besser werden. Mit anderen Worten: Wenn es von dieser Rindfleischsuppe Reste geben sollte, hat man gleich zwei Fliegen auf einen Schlag: Man hat ausgesorgt für eine weitere Mahlzeit – und diese schmeckt mindestens so gut wie die erste!

30 Minuten

200 g Rindfleisch zum Schmoren (z.B. Schulter, runder Mocken)
1 gelbe Peperoni (Paprika)
1 grosse Kartoffel
200 g Zwiebeln
1 Knoblauchzehe
1 Esslöffel Butter
2 Esslöffel Olivenöl
1 Esslöffel edelsüsser Paprika
100 ml Rotwein
½ l Fleischbouillon
200 g gehackte Dosentomaten (Pelati)
Salz
1 Prise Cayennepfeffer
nach Belieben etwas Crème fraîche zum Servieren

1 Das Fleisch in ½ cm grosse Würfelchen schneiden. Die Peperoni halbieren und entkernen, die Kartoffel schälen. Beides ebenfalls würfeln. Die Zwiebeln und den Knoblauch schälen und hacken.

2 Im Schnellkochtopf die Butter und das Olivenöl erhitzen. Die Zwiebeln und den Knoblauch darin unter Wenden hellgelb dünsten. Die Rindfleischwürfelchen und das Paprikapulver beifügen und kurz mitrösten. Den Rotwein, die Fleischbouillon und die Tomaten dazugeben und die Suppe leicht salzen. Den Topf verschliessen und die Suppe unter Druck (1. Ring) 15 Minuten garen.

3 Den Topf vom Feuer nehmen und das Kochsignal vollständig absinken lassen. Den Topf öffnen. Die Suppe nochmals aufkochen und mit Salz sowie Cayennepfeffer abschmecken. In tiefe Teller oder Tassen anrichten. Nach Belieben je 1 Esslöffel Crème fraîche darauf setzen. Sofort servieren.

Was dazu passt: Zum Beispiel gebackene Knoblauchbrötchen – gibts auch tiefgekühlt für den Vorrat – oder Pariserbrötchen, die man mit fertig gekaufter Oliven- oder Pesto-Paste bestreicht und kurz im Ofen röstet.

Bündner Gerstensuppe

So schnell wie aus dem Päckchen ist diese Suppe auch frisch zubereitet – mit Hilfe des Schnellkochtopfs. Einen besonders feinen Geschmack erhält sie, wenn man anstelle eines Kalbsfüsschens einen Schinkenknochen mitgart. Fragen Sie Ihren Metzger – vielleicht haben Sie Glück und er hat einen solchen Knochen auf der Seite.

30 Minuten

½ kleine Lauchstange
1 kleine Karotte
1 kleine Zwiebel
2–3 Scheiben magerer Bratspeck
1 Esslöffel Bratbutter
75 g Gerste
½ l Fleischbouillon
nach Belieben 1 kleines Kalbsfüsschen

Zum Fertigstellen:
300–400 ml Fleischbouillon
1 Eigelb
50 ml Rahm
½ Bund Schnittlauch
Salz, Pfeffer, Muskatnuss

1 Den Lauch und die Karotte rüsten und in dünne Scheibchen schneiden. Die Zwiebel schälen und fein hacken. Den Speck in feine Streifchen schneiden.

2 Im Schnellkochtopf die Bratbutter erhitzen. Den Speck beifügen und kurz anbraten. Lauch, Karotte und Zwiebel beifügen und mitrösten. Die Gerste, die Bouillon und nach Belieben das Kalbsfüsschen beifügen. Den Topf verschliessen. Die Suppe unter Druck (1. Ring) 15 Minuten kochen.

3 Den Topf vom Feuer nehmen und das Kochsignal vollständig absinken lassen. Den Topf öffnen. Das Kalbsfüsschen entfernen. Die Suppe mit der Fleischbouillon verdünnen und nochmals aufkochen.

4 Das Eigelb mit dem Rahm verquirlen und in die Suppe rühren. Diese nicht mehr kochen lassen, sonst gerinnt das Eigelb. Den Schnittlauch mit einer Schere dazuschneiden und die Suppe mit Salz, Pfeffer sowie einem Hauch Muskatnuss abschmecken.

Was dazu passt: Ein kräftiges dunkles Brot (Ruchbrot) und vielleicht etwas Bündner oder anderes Trockenfleisch.

Artischocken mit Tomaten-Ei-Sauce

Für dieses Gericht sollte man nicht die spitz zulaufenden Artischocken verwenden, sondern runde Früchte wählen, die besonders fleischig sind und sich deshalb gut zum Dippen eignen. Man kann auch andere Saucen aus diesem Buch dazu servieren, zum Beispiel die Specksauce von Seite 81 (Rezept «Gebackene Tomaten») oder die Olivensauce von Seite 72. Gut schmeckt auch eine warme oder kalte Tomatensauce, eine Tartarsauce oder eine Kräuter-Vinaigrette dazu.

20 Minuten

4 mittelgrosse Artischocken
Saft von ½ Zitrone

Sauce:
2 Eier
2 mittelgrosse Tomaten
200 ml nordische Sauermilch oder saurer Halbrahm
4–6 Basilikumblätter
Salz, schwarzer Pfeffer aus der Mühle
1 Prise Cayennepfeffer

1 Die Artischockenstiele ausbrechen. Das ist besser als abschneiden, weil beim ruckartigen Brechen zähe Fäden, die bis in die zarten Artischockenböden wachsen, herausgezogen werden. Die Artischocken am Boden glattschneiden. Die spitzen Blattenden mit einer Schere abschneiden.
2 Den Siebeinsatz in den Schnellkochtopf geben. Wasser bis zum Einsatz einfüllen und den Zitronensaft beifügen. Die Artischocken auf den Einsatz legen und den Topf verschliessen. Die Artischocken unter Druck (2. Ring) je nach Grösse 10–12 Minuten garen.
3 Inzwischen die Sauce zubereiten: Die Eier mit kaltem Wasser bedeckt aufkochen und ab dem Siedepunkt 8 Minuten hart kochen. Kalt abschrecken, schälen und hacken.
4 Die Tomaten quer halbieren, entkernen und klein würfeln. Das Basilikum fein hacken.
5 Die Sauermilch verrühren und mit Salz, Pfeffer und Cayennepfeffer pikant würzen. Eier, Tomaten und Basilikum beifügen und die Sauce wenn nötig abschmecken.
6 Den Topf vom Feuer nehmen und abdampfen lassen. Die Artischocken sorgfältig herausheben, auf einem Küchentuch auf den «Kopf» stellen und kurz abtropfen lassen. Dann auf Tellern anrichten. Die Sauce separat zu den Artischocken servieren.

Was dazu passt: Knuspriges Pariserbrot, um die Sauce aufzutunken.

Chili con Carne

Oft wird dieses beliebte mexikanische Gericht mit Hackfleisch zubereitet. Viel aromatischer schmeckt es jedoch, wenn es wie im Original mit Rindfleischwürfelchen zubereitet wird. Wer es feurig mag, schmort eine fein geschnittene rote Chilischote mit. Und ähnlich wie bei einem Gulasch kann man zum Servieren einen Klacks Crème fraîche auf das angerichtete Chili con Carne geben.

30 Minuten

400 g Rindfleisch zum Schmoren (z.B. Schulter)
1 mittelgrosse Zwiebel
1 Knoblauchzehe
½ Bund Oregano
2–3 Esslöffel Olivenöl
Salz, schwarzer Pfeffer
1 Esslöffel Chilipulver
¼ l Rotwein
1 Esslöffel Tomatenpüree
1 Dose Kidneybohnen (rote Indianerbohnen)
1 Prise Cayennepfeffer

1 Das Fleisch in ½ cm kleine Würfelchen schneiden.
2 Die Zwiebel und den Knoblauch schälen und fein hacken. Den Oregano ebenfalls hacken.
3 Im Schnellkochtopf das Olivenöl erhitzen. Die Fleischwürfelchen mit Salz sowie Pfeffer würzen und rundum anbraten. Die Zwiebel, den Knoblauch und das Chilipulver darüber streuen und kurz mitrösten, bis es gut riecht. Mit dem Rotwein ablöschen. Das Tomatenpüree beifügen. Den Topf verschliessen. Das Fleisch unter Druck

Chili con Carne

Artischocken mit Tomaten-Ei-Sauce

(2. Ring) während 10–12 Minuten sehr weich kochen.

4 Den Topf vom Feuer nehmen und abdampfen lassen. Die gut abgetropften Bohnen beifügen. Alles nochmals aufkochen und das Chili con Carne mit Cayennepfeffer sowie wenn nötig Salz abschmecken.

Was dazu passt: Salzkartoffeln (Grundrezept Seite 109) sind die ideale Beilage, da sie, wenn das Chili con Carne sehr «feurig» ist, neutralisierend wirken.

Grossmamas Rindfleischvögel

Grossmamas Rindfleischvögel

Die Füllung dieser gerollten Rindsplätzchen besteht aus Schinken, Zwiebeln und Petersilie, geschmort werden sie zusammen mit Karottenstängelchen in Weisswein und Bouillon. Ob man am Schluss der Garzeit die Sauce nur mit Salz und Pfeffer abschmeckt oder mit Crème fraîche verfeinert, hängt von der persönlichen Vorliebe ab. Die sommerliche Variante dieses Gerichts: Tomatenschnitze, Zwiebel und Kräuter als Füllung, Peperonistreifen zum Mitschmoren in der Sauce.

30 Minuten

1 grosse Zwiebel
1 Bund Petersilie
1 Teelöffel Butter
4 grosse, dünne Rindsplätzchen zum Schmoren (wenn möglich vom Metzger mit der Maschine aufgeschnitten)
1 Teelöffel Senf
Salz, Pfeffer, Paprika
2 grosse Scheiben Schinken
2–3 grosse Karotten
1 kleine Zwiebel
1 Lorbeerblatt
1 Nelke
1 Esslöffel Bratbutter
100 ml Weisswein
100 ml Fleischbouillon
nach Belieben 100 ml Crème fraîche

1 Die Zwiebel schälen und fein hacken. Die Petersilie ebenfalls hacken. Beides in der Butter kurz andünsten, bis es gut riecht. Beiseite stellen.

2 Die Rindsplätzchen auf der Arbeitsfläche auslegen, mit dem Senf bestreichen und mit Salz, Pfeffer sowie Paprika würzen. Auf jedes Plätzchen ½ Scheibe Schinken legen und etwas Zwiebelmasse darauf ausstreichen. Die Plätzchen aufrollen und mit Zahnstochern verschliessen oder mit Küchenschnur binden.

3 Die Karotten schälen, der Länge nach vierteln und in etwa 3 cm lange Stücke schneiden. Die Zwiebel schälen, halbieren und mit Lorbeerblatt und Nelke bestecken.

4 Im Schnellkochtopf die Bratbutter erhitzen. Die Fleischvögel darin rundum anbraten. Die Karotten und die Zwiebelhälften beifügen und kurz mitrösten. Mit dem Weisswein und der Bouillon ablöschen. Den Topf verschliessen. Die Fleischvögel unter Druck (2. Ring) je nach Fleischqualität 12–15 Minuten garen.

5 Den Topf vom Feuer nehmen und abdampfen lassen. Nach Belieben etwas heisse Saucenflüssigkeit mit der Crème fraîche verrühren, beifügen und die Sauce noch 5 Minuten kräftig einkochen lassen, bis sie leicht bindet.

Was dazu passt: Zum Beispiel ein Kartoffelpüree, eine Polenta oder ein Risotto.

Coq au Chardonnay

Anstatt mit Pouletschenkeln kann man dieses köstliche Schmorgericht mit einem ganzen, in Stücke geschnittenen Poulet zubereiten. Auch ein Kalbsragout eignet sich dafür, hat aber eine etwas längere Garzeit (12–15 Minuten).

Coq au Chardonnay

30 Minuten

3–4 Schalotten
1 Knoblauchzehe
200 g Eierschwämmchen (Pfifferlinge) oder Champignons
2–4 Pouletschenkel, je nach Grösse und Appetit
Salz, schwarzer Pfeffer aus der Mühle
etwas Paprikapulver
1 Esslöffel Bratbutter
¼ l Chardonnay oder ein anderer trockener Weisswein
2 mittelgrosse feste Tomaten
1 Zweig Basilikum
1 Esslöffel weiche Butter
1 gehäufter Teelöffel Mehl
100 ml Rahm

1 Die Schalotten schälen und je nach Grösse vierteln oder nur halbieren. Den Knoblauch schälen und fein hacken. Die Eierschwämmchen oder Champignons rüsten und je nach Grösse in Stücke oder Scheiben schneiden.
2 Die Pouletschenkel mit Salz, Pfeffer und Paprika würzen. Im Schnellkochtopf die Bratbutter kräftig erhitzen und die Pouletstücke darin rundum goldbraun braten. Aus dem Topf nehmen.
3 Im Bratsatz Schalotten, Knoblauch und Pilze anrösten. Mit dem Chardonnay ablöschen und einmal kräftig aufkochen. Die Pouletschenkel in die Sauce legen und den Topf verschliessen. Unter Druck (2. Ring) etwa 8 Minuten garen.
4 Inzwischen die Tomaten quer halbieren, entkernen und klein würfeln. Das Basilikum fein hacken. Butter und Mehl mit einer Gabel zu einer weichen Paste verkneten.
5 Den Topf vom Feuer nehmen und abdampfen lassen. Die Pouletschenkel herausnehmen und warm stellen. Den Rahm zur Sauce geben und aufkochen. Die Butter in Flocken beifügen und die Sauce noch so lange kochen lassen, bis sie leicht bindet. Tomatenwürfel und Basilikum beifügen und gut erhitzen. Die Sauce mit Salz und Pfeffer abschmecken. Am Schluss die Pouletschenkel dazulegen und nur nochmals heiss werden lassen.

Was dazu passt: Zum Beispiel Bratkartoffeln, Nudeln oder ein körniger Reis (Grundrezepte Seite 109 und 110).

Italienische Kalbfleischröllchen

Wie sagen doch die Italiener von einem ihrer liebsten Fleischgerichte: Perfekte Rouladen müssen so weich geschmort sein, dass man sie mit der Gabel zerteilen kann. Dies gilt auch für diese zarten Kalbfleischröllchen, die mit Ricotta und Rohschinken gefüllt sind und an einer Marsalasauce serviert werden.

30 Minuten

6 mittelgrosse Kalbsplätzchen
3 grosse, dünn geschnittene Scheiben Rohschinken
½ Bund Petersilie
100 g Ricotta oder Doppelrahm-Frischkäse
1 Eigelb
1 gestrichener Esslöffel Paniermehl
2–3 Esslöffel geriebener Parmesan
Salz, Pfeffer, Muskatnuss
6 kleine Salbeiblätter
1 Esslöffel Bratbutter
50 ml Weisswein
50 ml Marsala
40 g Butter

1 Ein Kalbsplätzchen nach dem andern auf der Arbeitsfläche auslegen, mit Klarsichtfolie bedecken und mit einem Wallholz sorgfältig sehr dünn klopfen.
2 Die Rohschinkenscheiben halbieren.
3 Die Petersilie fein hacken. Mit dem Ricotta oder dem Doppelrahm-Frischkäse, dem Eigelb, dem Paniermehl und dem Parmesan mischen. Die Masse mit Salz, Pfeffer und Muskat würzen.
4 Je eine halbe Scheibe Rohschinken sowie einen Löffel Füllung auf jedes Kalbsplätzchen geben und diese auf-

rollen. Mit einem Salbeiblatt belegen und mit Zahnstochern fixieren.

5 Im Schnellkochtopf die Bratbutter erhitzen. Die Kalbsröllchen darin rundum anbraten. Mit dem Weisswein und dem Marsala ablöschen. Den Topf verschliessen. Die Kalbsröllchen unter Druck (1. Ring) 10 Minuten garen.

6 Den Topf vom Feuer nehmen und das Kochsignal vollständig absinken lassen. Den Topf öffnen, die Kalbsröllchen herausnehmen und auf eine vorgewärmte Platte geben. Den Jus aufkochen. Die Butter in Flocken beifügen und in die Sauce einziehen lassen. Mit Salz und Pfeffer abschmecken und über die Kalbsröllchen geben.

Was dazu passt: Zum Beispiel ein mit Peperoniwürfelchen zubereiteter Weissweinrisotto oder schmale weisse oder grüne, eventuell auch gemischtfarbige Nudeln.

Italienische Kalbfleischröllchen

Saftplätzchen mit Gemüse

Saftplätzchen mit Gemüse

Diese geschmorten Rindsplätzchen gehören zu den schönsten Gerichten aus Grossmutters Küche. Leider ist ihre Zubereitung in der heutigen Küche, wo alles schnell gehen muss, fast vergessen gegangen. Dank dem Schnellkochtopf sind die mürb-zarten Rindsplätzchen jedoch im Handumdrehen fertig. Man kann sie übrigens sehr gut 2–3 Stunden im Voraus zubereiten, lässt sie im Topf und kocht sie vor dem Servieren noch einmal 5–10 Minuten leise durch – diesmal jedoch ohne Dampfdruck.

30 Minuten

1 grosse Fleischtomate
1 kleine Zucchini
1 mittelgrosse Zwiebel
½ Bund Petersilie
50 g magere Bratspeckscheiben
1 Esslöffel Bratbutter
4–6 Rindsplätzchen zum Schmoren, je nach Grösse
Salz, schwarzer Pfeffer aus der Mühle
100 ml Rotwein
1 Esslöffel Tomatenpüree

1 Die Tomate kurz in kochendes Wasser tauchen, schälen, quer halbieren, entkernen und würfeln. Den Stielansatz der Zucchini entfernen und die Frucht ungeschält ebenfalls würfeln.

2 Die Zwiebel schälen und fein hacken. Die Petersilie ebenfalls hacken.

3 Die Bratspeckscheiben in Streifchen schneiden.

4 Im Schnellkochtopf die Bratbutter erhitzen. Die Rindsplätzchen mit Salz sowie Pfeffer würzen und beidseitig anbraten. Aus dem Topf nehmen.

5 Die Speckstreifen zum Bratsatz geben und leicht rösten. Zwiebel, Zucchini und Petersilie beifügen und mitbraten. Die Tomatenwürfel darunter mischen und alles auf einen Teller geben.
6 Den Bratsatz mit dem Rotwein auflösen. Das Tomatenpüree unterrühren. Die Rindsplätzchen in die Sauce legen und die Gemüse-Speck-Mischung darüber verteilen. Den Topf verschliessen. Die Rindsplätzchen unter Druck (2. Ring) 15 Minuten garen.
7 Den Topf vom Feuer nehmen und das Kochsignal vollständig absinken lassen. Den Topf öffnen und die Sauce wenn nötig nachwürzen.

Was dazu passt: Zum Beispiel Teigwaren in jeder Form oder kleine, in Butter gebratene Kartoffeln in der Schale.

Kalbsragout an Paprikarahmsauce

Eine gehaltvolle Sauce ist bei einem Ragout fast so wichtig wie das Fleisch: Hier ist es eine samtige und dennoch würzige Paprikasauce, in der die Kalbfleischwürfel gegart werden. Wem Peperoni zu schwer verdaulich sind, verwendet geschälte Früchte aus der Dose, denn es ist die zähe Haut, die einem buchstäblich auf dem Magen liegt.

30 Minuten

1 rote Peperoni (Paprika)
1 mittelgrosse Zwiebel
1 Esslöffel Bratbutter
1 Esslöffel edelsüsser Paprika
1 gehäufter Esslöffel Tomatenpüree
300–400 g Kalbsragout
100 ml Weisswein
Salz, schwarzer Pfeffer aus der Mühle
1 Teelöffel Mehl
100 ml Crème fraîche

1 Die Peperoni halbieren, entkernen und würfeln. Die Zwiebel schälen und grob hacken.
2 Im Schnellkochtopf die Bratbutter erhitzen. Die Zwiebel darin hellgelb dünsten. Den Paprika darüber stäuben und kurz mitdünsten. Tomatenpüree, Peperoni, Ragoutstücke und Weisswein beifügen. Alles mit Salz und Pfeffer würzen. Den Topf verschliessen. Das Ragout unter Druck (2. Ring) 12–15 Minuten garen.
3 Den Topf vom Feuer nehmen und abdampfen lassen. Das Mehl mit 2 Esslöffel kaltem Wasser verrühren und mit der Crème fraîche mischen. Zum Ragout geben. Alles nochmals 5 Minuten im offenen Topf kochen lassen. Das Ragout mit Salz, Pfeffer sowie nach Belieben Paprika abschmecken.

Was dazu passt: Zum Beispiel Nudeln oder ein Kartoffelpüree.

Linsen-Würstchen-Eintopf

Dieses rustikale Rezept, in dem Linsen zusammen mit Gemüse gegart werden, ist ein gutes Beispiel dafür, wie unkompliziert die Zubereitung von Linsen und wie wohlschmeckend das Ergebnis ist. Dass man Linsen vor dem Kochen einweichen muss, zählt zu den Ammenmärchen. Ausser bei roten Linsen gibt die Farbe Aufschluss über das Alter: je heller, desto frischer sind die Hülsenfrüchte. Auf den Geschmack und die Kocheigenschaften jedoch wirkt sich dies nicht aus. Hingegen haben sehr kalkhaltiges Wasser oder Säure, zum Beispiel von Essig oder Tomaten, einen Einfluss auf die Garzeit beziehungsweise das Weichwerden der Linsen.

25 Minuten

1 mittelgrosse Karotte
1 kleines Stück Knollensellerie
1 kleine Lauchstange
1 mittelgrosse Zwiebel
1 Knoblauchzehe
2–3 Esslöffel Olivenöl
150 g grüne oder braune Linsen
½ l Gemüse- oder Hühnerbouillon
¼ Teelöffel getrockneter Thymian
2–3 Emmentalerli oder andere Schweinswürstchen
1 Esslöffel Balsamicoessig
2 Esslöffel Doppelrahm
abgeriebene Schale von ¼–½ Orange
Salz, schwarzer Pfeffer aus der Mühle

1 Die Karotte und den Sellerie schälen und klein würfeln. Den Lauch rüsten und in dünne Ringe schneiden. Zwiebel und Knoblauch schälen und fein hacken.

2 Im Schnellkochtopf das Olivenöl erhitzen. Das vorbereitete Gemüse darin andünsten. Linsen, Bouillon und Thymian beifügen und den Topf verschliessen. Die Linsen unter Druck (1. Ring) 8–10 Minuten garen.

3 Inzwischen die Würstchen mit Wasser bedeckt aufsetzen und vor dem Siedepunkt 10 Minuten gar ziehen lassen.

4 Den Topf vom Feuer nehmen und das Kochsignal vollständig absinken lassen. Den Topf öffnen und die Linsen mit dem Balsamicoessig und dem Doppelrahm mischen. Mit etwas abgeriebener Orangenschale, Salz sowie Pfeffer abschmecken. Die Würstchen nach Belieben in Stücke schneiden und unter die Linsen mischen.

Was dazu passt: Für besonders Hungrige serviert man Salzkartoffeln (Grundrezept Seite 109) dazu und zu den Würstchen gibt's natürlich Senf.

Linsen-Würstchen-Eintopf

Kalbsragout an Paprikarahmsauce

Pilaw mit Gemüse und Schweinefleisch

Damit bei diesem saftigen Eintopf der Reis nicht verkocht, sollte man unbedingt Vollkornreis verwenden, der eine längere Kochzeit hat als normaler Reis. Für eine fleischlose Variante verwendet man mehr Peperoni (Paprika) und verkürzt die Kochzeit um 3–4 Minuten.

30 Minuten

250 g Schweinsragout
2–3 Scheiben magerer Bratspeck
1 kleine Zwiebel
1 rote Peperoni (Paprika)
2 Esslöffel Olivenöl
½ Teelöffel Paprika
Salz, schwarzer Pfeffer aus der Mühle
150 g Vollkornreis
ca. 300 ml Hühnerbouillon
200 g gehackte Dosentomaten (Pelati)
1 Esslöffel Tomatenpüree
½ Teelöffel getrockneter Oregano
½ Bund Petersilie

1 Das Schweinsragout wenn nötig etwa kleiner, d. h. in knapp 1 cm grosse Würfel schneiden. Den Bratspeck in feine Streifen schneiden.
2 Die Zwiebel schälen und fein hacken. Die Peperoni halbieren, entkernen und in Streifen schneiden.
3 Im Schnellkochtopf das Olivenöl erhitzen. Den Bratspeck darin anrösten. Die Schweinefleischwürfel mit Paprika sowie Salz und Pfeffer würzen und mitbraten. Zwiebel, Peperoni und Vollkornreis beifügen und 2–3 Minuten anrösten. Mit der Bouillon ablöschen. Die Tomaten, das Tomatenpüree und den Oregano beifügen und alles gut mischen. Den Topf verschliessen. Den Pilaw unter Druck (1. Ring) während 15 Minuten garen.
4 Inzwischen die Petersilie fein hacken.
5 Den Topf vom Feuer nehmen und das Kochsignal vollständig absinken lassen. Den Topf öffnen und wenn nötig etwas Bouillon nachgiessen, damit der Reis sehr saftig ist. Die Petersilie beifügen und das Gericht mit Salz sowie Pfeffer abschmecken.

Was dazu passt: Zum Beispiel ein Blattsalat. Und wer mag, streut etwas geriebenen Käse über den Reis.

Pilaw mit Gemüse und Schweinefleisch

Mexikanisches Rindfleisch mit Petersilienreis

Pfefferschote, Zimt- und Nelkenpulver sowie Rosinen und Apfelwürfelchen verleihen diesem in Rotwein und Tomaten geschmorten geschnetzelten Rindfleisch eine exotisch-pikante Note – unbedingt ausprobieren! Auf die gleiche Weise kann auch ein Pouletgeschnetzeltes zubereitet werden.

30 Minuten

1 mittelgrosse Zwiebel
1 Knoblauchzehe
1 Peperoncino oder 1 kleine rote Chilischote
6 mit Pimientos gefüllte grüne Oliven
1 säuerlicher Apfel
300 g geschnetzeltes Rindfleisch zum Schmoren
Salz, schwarzer Pfeffer aus der Mühle
2–3 Esslöffel Olivenöl
50 ml Rotwein
200 g gehackte Dosentomaten (Pelati)
25 g Rosinen
je 1 Prise Zimt- und Nelkenpulver

Petersilienreis:
¼ l Fleisch- oder Gemüsebouillon
150 g Parboiled-Langkornreis
1 Bund Petersilie
25 g Mandelblättchen

1 Die Zwiebel und den Knoblauch schälen, die Pfefferschote entkernen. Alles fein hacken. Die Oliven in feine Scheibchen schneiden. Den Apfel schälen, vierteln, das Kerngehäuse entfernen und die Frucht klein würfeln.

2 Das Geschnetzelte mit Salz und Pfeffer würzen. Im Schnellkochtopf das Olivenöl erhitzen. Das Fleisch darin kräftig anbraten. Zwiebel, Knoblauch und Pfefferschote darüber streuen und mitdünsten. Dann den Rotwein, Tomaten, Rosinen sowie Zimt- und Nelkenpulver beifügen. Den Topf verschliessen. Das Geschnetzelte unter Druck (2. Ring) 10–12 Minuten garen.

3 Gleichzeitig den Petersilienreis zubereiten: Die Bouillon aufkochen. Den Reis beifügen. Zugedeckt auf kleinem Feuer so lange leise kochen lassen, bis der Reis die Flüssigkeit vollständig aufgesogen hat; dies dauert etwa 12 Minuten.

4 Die Petersilie fein hacken und am Schluss unter den Reis mischen.

5 Die Mandelblättchen in einer trockenen Pfanne ohne Fettzugabe leicht rösten.

6 Den Topf vom Feuer nehmen und abdampfen lassen. Das Geschnetzelte wenn nötig nachwürzen. Auf eine tiefe Platte geben und den Reis darum herum anrichten. Alles mit den Mandelblättchen bestreuen.

Was dazu passt: Wer mag, serviert gedünstete Erbsen und/oder Karotten als Beilage.

Mexikanisches Rindfleisch mit Petersilienreis

Lust auf etwas Süsses:

Unkomplizierte Desserts

Karamellisierte Ananas

Selbstverständlich kann man diese köstliche Nachspeise auch mit Ananas aus der Dose zubereiten; dann aber unbedingt Früchte wählen, die ohne Zucker im eigenen Saft eingemacht wurden. Weit besser schmeckt das Dessert, wenn man eine frische so genannte Baby-Ananas dafür verwendet. Diese kleine Ananas ist genau das Richtige für einen Zweipersonen-Haushalt, wiegt sie doch nur etwa 500 g, besitzt aber trotzdem tiefgelbes, weiches, intensiv duftendes Fruchtfleisch. Zu den besonderen Merkmalen der Baby-Ananas gehört auch, dass sie keinen harten Strunk in der Mitte aufweist, der entfernt werden muss. Ananas sind reif, wenn sie einen intensiven Duft verströmen; die Farbe sagt nichts über den Reifegrad aus.

15 Minuten

1 Baby-Ananas
50 g Zucker
200 ml frisch gepresster Orangensaft
2–4 Kugeln Vanilleglace

1 Die Blattkrone und den Boden der Ananas wegschneiden. Dann die Frucht auf einen Teller setzen und die Schale so dünn wie möglich abschneiden, da das Fruchtfleisch direkt unter der Schale besonders aromatisch schmeckt; die Augen entfernen. Die geschälte Ananas in 1 cm dicke Scheiben schneiden.
2 Den Zucker in einer Pfanne zu hellbraunem Karamell schmelzen. Mit dem Orangensaft ablöschen. Auf grossem Feuer 5 Minuten einkochen lassen.
3 Die Ananasscheiben in den Sud geben, aufkochen und nur gerade gut heiss werden lassen. In tiefen Tellern anrichten, mit etwas Jus beträufeln und je 1–2 Kugeln Vanilleglace darauf setzen.

Karamellisierte Ananas

Kleine Limonensoufflés mit Himbeersauce

Diese warm servierten, luftigen kleinen «Köpfchen» können nicht nur mit Himbeeren (evtl. auch tiefgekühlten) serviert werden. Sehr gut passt auch eine Erdbeersauce oder ein Früchte- oder Beerenkompott. Limonen sind zwar etwas säuerlicher als Zitronen, aber dafür sehr aromatisch. Sie können für dieses Soufflé auch durch Zitronen ersetzt werden. Und noch ein Tipp: Wenn die Limonen nicht quer aufgeschnitten werden wie Zitronen, sondern der Länge nach, ergeben sie mehr Saft.

30 Minuten

Etwas Butter und Zucker für die Förmchen
200 g Ricotta
30 g Zucker
1 Päckchen Bourbon-Vanillezucker
1 Eigelb
1 Limone
2 Eiweiss

Himbeersauce:
250 g Himbeeren (evtl. tiefgekühlt)
1 Esslöffel Zitronensaft
2–3 Esslöffel Zucker

1 Den Backofen auf 180 Grad vorheizen.
2 Je nach Grösse 2–3 Soufflé-Portionenförmchen oder kleinere Tassen grosszügig ausbuttern und mit etwas Zucker ausstreuen.
3 Ricotta, Zucker, Vanillezucker und Eigelb gut verrühren. Die Limonenschale dünn dazureiben. Den Saft der Limone auspressen und ebenfalls beifügen.
4 Die Eiweisse steif schlagen. Sorgfältig unter die Ricottamasse ziehen. Diese in die vorbereiteten Förmchen füllen.
5 Die Soufflés sofort im 180 Grad heissen Ofen auf der zweituntersten Rille während etwa 20 Minuten backen.

Kleine Limonensoufflés mit Himbeersauce

6 Inzwischen die Sauce zubereiten: Die Himbeeren verlesen und zusammen mit dem Zitronensaft und dem Zucker im Mixer pürieren. Durch ein Sieb streichen, um die Kerne zu entfernen.
7 Die Soufflés aus dem Ofen nehmen und noch heiss aus den Formen auf Teller stürzen. Mit Himbeersauce umgiessen und sofort servieren.

Mango-Trauben-Creme

Im Sommer kann dieses erfrischende Dessert statt mit Mango mit Pfirsichen zubereitet werden; man braucht dazu etwa 2 Stück. Auch wenn Sie sich wundern, dass die Trauben in diesem Rezept entkernt werden, sollten Sie es nicht unterlassen: Die kleinen Kerne wirken in dieser feinen Creme störend.

20 Minuten

1 reife Mango
200 g blaue Trauben
100 ml Joghurt nature
1 gehäufter Esslöffel Zucker
100 ml Rahm
2 Esslöffel weisser Rum
1 gehäufter Esslöffel Mandelblättchen

1 Die Mango schälen. Das Fruchtfleisch in dicken Scheiben vom Stein schneiden und würfeln.
2 Die Traubenbeeren halbieren und mit einem spitzen Küchenmesserchen die Kerne entfernen.
3 In einer Schüssel den Joghurt und den Zucker verrühren.
4 Den Rahm steif schlagen und unter den Joghurt ziehen. Mit dem Rum parfümieren. Mango und Trauben beifügen und alles sorgfältig mischen. Die Creme bis zum Servieren kühl stellen.
5 Die Mandelblättchen in einer trockenen Pfanne ohne Fettzugabe leicht rösten. Vor dem Servieren über die Creme streuen.

Mango-Mohn-Creme

Mangos sind längst auch bei uns das ganze Jahr hindurch erhältlich. Sie werden «grün» geerntet, reifen aber bei Zimmertemperatur problemlos nach. Unreife Früchte sind ohne Aroma und hart, überreife Früchte haben einen unangenehmen seifigen Geschmack. Mangos müssen immer geschält werden; ihr Saft verursacht hartnäckige Flecken, deshalb aufpassen bei der Zubereitung. Die Mango kann in dieser Creme durch Pfirsiche oder Nektarinen (etwa 2 Stück) ersetzt werden.

15 Minuten

1 reife Mango
Saft von ½ Zitrone oder Limone
100 ml Buttermilch
2–3 Esslöffel Zucker
1 Päckchen Bourbon-Vanillezucker
1 Esslöffel Mohnsamen
100 ml Rahm

1 Die Mango schälen und das Fruchtfleisch vom Stein schneiden. Etwa ⅓ beiseite stellen. Das restliche Mangofleisch mit dem Zitronensaft, der Buttermilch, dem Zucker und dem Vanillezucker fein pürieren.
2 Das beiseite gelegte Fruchtfleisch klein würfeln.
3 Die Mohnsamen in einer trockenen Pfanne ohne Fettzugabe bei mittelgrosser Hitze unter Wenden etwa 3 Minuten leicht rösten. Auf einem Teller abkühlen lassen.
4 Den Rahm steif schlagen. Mit dem Mohn sowie den Mangowürfelchen unter das Fruchtpüree rühren. Die Creme bis zum Servieren kühl stellen.

Bananencreme mit Schokoladesplittern

Anstatt mit Bananen kann man diese Creme auch mit gut reifen Birnen zubereiten. In diesem Fall den Saft einer ganzen Zitrone verwenden, damit die Creme sich auf keinen Fall verfärbt.

15 Minuten

2 kleine Bananen
Saft von ½ Zitrone
1 Becher Joghurt nature (180 g)
2–3 Esslöffel Zucker
100 ml Rahm
40 g dunkle Schokolade

1 Die Bananen schälen und in kleine Stücke schneiden. Sofort mit dem Zitronensaft beträufeln, dann mit einer Gabel fein zerdrücken und kurz schlagen oder mit dem Stabmixer pürieren.
2 Den Joghurt mit dem Zucker mischen. Zum Bananenpüree geben.
3 Den Rahm steif schlagen. Sorgfältig unter die Creme ziehen.
4 Die Schokolade reiben oder fein hacken. ¾ davon unter die Creme mischen. Kühl stellen. Zum Servieren mit der restlichen Schokolade bestreuen.

Mango-Trauben-Creme (oben)
Bananencreme mit Schokoladesplittern (unten)
Mango-Mohn-Creme (rechts)

Portweinzwetschgen

Zwetschgen – es können auch tiefgekühlte Früchte oder im Sommer Pflaumen sein – werden in rotem Portwein weich gedünstet und mit eingekochtem Sud sowie einer kleinen Rahmhaube serviert. Man kann den Portwein auch durch Rotwein ersetzen, gibt dann zur Abrundung des Geschmacks ½ Zimtstange in den Sud und lässt diese vor dem Garen der Zwetschgen 5 Minuten kochen, damit sich das Aroma des Zimts entfalten kann.

20 Minuten

400 g Zwetschgen
150 ml roter Portwein
1 Päckchen Bourbon-Vanillezucker
2 Esslöffel Zucker
50 ml Rahm

1 Die Zwetschgen waschen, halbieren und entsteinen.
2 Portwein, Vanillezucker und Zucker in eine Pfanne geben und aufkochen.
3 Die Zwetschgen in den Sud legen. Die Früchte zugedeckt auf kleinem Feuer knapp weich dünsten. Mit einer Schaumkelle herausheben.
4 Den Sud auf kleinem Feuer noch kurz einkochen lassen. Über die Zwetschgen träufeln. Nach Belieben lauwarm servieren oder kühl stellen.
5 Kurz vor dem Servieren den Rahm steif schlagen. Als «Haube» über die Zwetschgen geben.

Orangen-Apfel-Salat

Ein eher winterliches, jedoch überaus erfrischendes Früchtedessert: Orangen- und Apfelschnitze werden mit Orangensaft, Grand Marnier, Zucker und Zitronensaft mariniert und mit Streifchen von frischen Datteln angerichtet.

15 Minuten

3 Orangen
Saft von ½ Zitrone
2 Esslöffel Grand Marnier
2 kleine Äpfel
2 Esslöffel Zucker
75 g frische Datteln

1 Die Orangen mit einem scharfen Messer mitsamt der weissen Haut schälen. Dann die Schnitze aus den Trennhäutchen schneiden; dabei über einer Schüssel arbeiten, um den austretenden Saft aufzufangen. Den Saft in den übrig gebliebenen Trennhäuten ausdrücken und zum aufgefangenen Saft geben. Den Zitronensaft und den Grand Marnier beifügen.

Portweinzwetschgen

2 Die Äpfel schälen, vierteln, das Kerngehäuse entfernen und die Früchte in Schnitze schneiden. Sofort mit den Orangenfilets zum Orangen-Grand-Marnier-Jus geben und sorgfältig mischen.

3 Die Orangenfilets und die Apfelschnitze dekorativ anrichten. Mit dem Zucker bestreuen und mit dem Grand-Marnier-Jus beträufeln.

4 Die Datteln entkernen und in Streifen schneiden. Über den Fruchtsalat geben.

Warmes Himbeerkompott mit Glace

Die Erfahrung hat gezeigt, dass dieses Dessert unbedingt mit frischen Beeren zubereitet werden sollte. Tiefgekühlte Himbeeren zerfallen beim Kochen, so dass man statt einem Kompott ein Mus erhält. Gut geeignet ist hingegen eine gefrorene Waldbeerenmischung, wie man sie in jedem guten Tiefkühlsortiment findet; auf keinen Fall auftauen lassen, sondern noch gefroren verwenden.

10 Minuten

250 g Himbeeren
50 ml Wasser
2–3 Esslöffel Zucker
1 Päckchen Bourbon-Vanillezucker
1 gestrichener Esslöffel Speisestärke
nach Belieben 2 Esslöffel Himbeergeist
2 Kugeln Aprikosensorbet oder Vanilleglace

1 Die Himbeeren verlesen. Mit Wasser, Zucker und Vanillezucker in eine Pfanne geben.

Warmes Himbeerkompott mit Glace

Orangen-Apfel-Salat

2 Die Speisestärke mit dem Himbeergeist oder allenfalls der gleichen Menge Wasser verrühren.
3 Die Himbeeren aufkochen; dabei nicht rühren, sonst zerfallen die Früchte zu Mus! Sofort die angerührte Speisestärke beifügen und das Kompott nochmals kurz aufkochen.
4 Das heisse Kompott in tiefen Desserttellern anrichten. Je 1 Kugel Glace darauf setzen und sofort servieren.

Überbackenes Rhabarberkompott

Erdbeergratin

Erdbeergratin

Dieses warme Sommerdessert kann je nach Angebot mit Johannisbeeren – eventuell rote, weisse und/oder schwarze gemischt –, aber auch mit Himbeeren oder Brombeeren zubereitet werden.

20 Minuten

500 g Erdbeeren
3 Esslöffel Puderzucker
nach Belieben 1–2 Esslöffel Orangenlikör
2 Eigelb
1 Esslöffel Zitronensaft
50 g Rahmquark
50 ml Crème fraîche
1 Eiweiss

1 Den Backofengrill auf 250 Grad vorheizen.
2 2–3 schöne Erdbeeren beiseite legen. Die restlichen Beeren waschen, rüsten und je nach Grösse halbieren oder vierteln. Mit 1 Esslöffel Puderzucker bestreuen und nach Belieben mit dem Orangenlikör beträufeln.
3 Die Eigelbe mit 2 gestrichenen Esslöffeln Puderzucker und dem Zitronensaft zu einer hellen, dicklichen Creme aufschlagen. Den Rahmquark und die Crème fraîche unterrühren.
4 Das Eiweiss steif schlagen und unter die Quarkcreme ziehen.
5 Zwei ofenfeste Portionenformen ausbuttern. Die Erdbeeren darin verteilen und mit der Quarkcreme bedecken.
6 Die Erdbeergratins sofort in der Mitte des 250 Grad heissen Ofens unter dem Grill 3–4 Minuten überbacken. Mit den zurückgelegten Erdbeeren garnieren und heiss servieren.

Überbackenes Rhabarberkompott

Kompott einmal anders: im Ofen überbacken mit Doppelrahm und braunem Zucker. Nicht nur Rhabarber-, sondern auch Aprikosen- oder Zwetschgenkompott kann auf diese Weise zubereitet werden. Die Früchte müssen übrigens nicht erst kurz vor dem Servieren gekocht werden, sondern lassen sich einen Tag im Voraus zubereiten.

20 Minuten

300 g Rhabarber
2–3 Esslöffel Zucker
4 Esslöffel Doppelrahm
2 Esslöffel brauner Zucker

1 Den Backofen auf 250 Grad vorheizen.
2 Den Rhabarber rüsten und in Stücke schneiden. In eine Pfanne geben und mit dem Zucker mischen. Zugedeckt im eigenen Saft auf mittelgrossem Feuer leise kochen lassen, bis der Rhabarber knapp weich ist. Mit einer Schaumkelle herausheben und in zwei ofenfeste Portionenformen verteilen. Hat der Rhabarber viel Flüssigkeit gezogen, muss diese auf grossem Feuer noch gut eingekocht werden. Dann über das Rhabarberkompott verteilen.
3 Unmittelbar vor dem Überbacken je 2 Esslöffel Doppelrahm auf das Kompott geben und mit je 1 Esslöffel braunem Zucker bestreuen. Sofort in der Mitte des heissen Ofens auf Grillstufe so lange überbacken, bis der Zucker Blasen wirft. Heiss servieren.

Etwas Theorie:

Schnell kochen – einfach gemacht

In diesem Buch finden Sie Rezepte und Anregungen für die tägliche Küche, die keine langen Vorbereitungen brauchen und auch Spielraum zum Improvisieren lassen. In diesem Sinne soll das Buch auch eine Art «schnelle» Menükarte sein: Jedes Gericht ist im Bild festgehalten, so dass man beim Durchblättern des Buches auf die allgegenwärtige Frage «Was koche ich heute?» bestimmt eine Antwort findet.
Es ist von Vorteil, das ausgewählte Rezept vor dem Kochen oder – noch besser – bereits vor dem Einkaufen genau durchzulesen. Die kurze Einleitung zu jedem Gericht gibt nämlich ergänzende Informationen zu Zutaten und Kochabläufen. Es lohnt sich also, diese «Randbemerkungen» zu Rate zu ziehen, bevor man sich ans Werk macht.

Gutes auf Vorrat

Auch wenn man nicht jeden Tag kocht, lohnt es sich, einen Grundvorrat anzulegen. Dieser kann von Grösse S (small – klein) bis XL (extralarge – sehr gross) variieren. Denn wer möchte kurz vor Ladenschluss noch jeder einzelnen benötigten Zutat nachrennen? Ein Vorrat hat zudem den Vorteil, dass man auch im kleinen Haushalt von preisgünstigen Angeboten gut zu lagernder Nahrungsmittel profitieren kann, und für Überraschungsgäste ist man dann ebenfalls vorbereitet.

Haltbarkeit

Beim Zusammenstellen des Vorrats sollte man die Haltbarkeit der verschiedenen Lebensmittel im Auge behalten. Für sehr viele Produkte besteht von Gesetzes wegen eine Datierungspflicht. Dabei unterscheidet man zwischen Mindesthaltbarkeitsdatum und Verbrauchsdatum.

- Leicht verderbliche Lebensmittel werden sowohl mit dem Verkaufs- wie auch dem Verbrauchsdatum gekennzeichnet: «Zu verkaufen bis ...», «Zu verbrauchen (zu konsumieren) bis ...». Bei Fertigprodukten (z.B. Gebäck, gerüsteter Salat) findet man zudem den Vermerk: «Hergestellt am ...» oder «Abgepackt am ...». Je nach Aufbewahrungsart werden diese Angaben noch ergänzt durch den Vermerk: «Gekühlt aufbewahren.»
- Bei Lebensmitteln, die sich länger lagern lassen, wird neben dem Verkaufsdatum das Mindesthaltbarkeitsdatum genannt: «Mindestens haltbar bis ...» oder «Haltbar bis Ende ..». Bis zu diesem Datum garantieren die Hersteller, dass ihre Produkte nahezu unverändert sind. Oft sind sie aber auch nach Ablauf dieser Frist noch völlig in Ordnung. Als Faustregel gilt: Je kürzer die Haltbarkeitszeit, desto schneller verderben die Nahrungsmittel.

Die Unersetzlichen

Diese Zutaten sind ein Muss und gehören in jeden Grundvorrat; sie werden häufig, manche in praktisch allen Rezepten verwendet:
Bouillon: Hält in Pulverform etwa 1 Jahr, als Würfel oder Paste nur etwa 6 Monate, da die darin enthaltenen Fette mit der Zeit ranzig werden.
Butter: Bratbutter (geklärte Butter) hält sich gut verschlossen und vor Licht geschützt 6 Monate. Frische Butter im Original-Butterpapier aufbewahren, sonst nimmt sie Fremdgerüche an. Sie bleibt im Kühlschrank ohne Geschmackseinbusse etwa 1 Woche frisch; das Mindesthaltbarkeitsdatum ist jedoch meist länger.
Dosentomaten: Mindesthaltbarkeitsdatum beachten, in der Regel beträgt dieses ab Produktion gut 1 Jahr; einmal geöffnet im Kühlschrank lagern und nicht mehr länger als 5–6 Tage aufbewahren.
Eier: Auch ganz frische Eier immer gekühlt aufbewahren; auf diese Weise bleiben sie 2–3 Wochen optimal haltbar.
Essig: Vor Licht geschützt bei Zimmertemperatur aufbewahren; je nach Sorte fast unbeschränkt haltbar.
Grundgewürze wie Pfeffer, Paprika, Muskatnuss, Curry usw.: Pfeffer wenn möglich ungemahlen, also als ganze Körner kaufen; in diesem Fall hält er sich bei Zimmertemperatur gut 1 Jahr. Gemahlene Gewürze in Pulverform lassen sich 6–8 Monate aufbewahren, verlieren aber zusehends an Aroma; unbedingt dunkel und trocken lagern.
Kartoffeln: In der Gemüseschublade des Kühlschranks halten sie sich 2–3 Wochen frisch. Wichtig: Nie unter 5° C lagern, sonst werden die Kartoffeln süss.
Knoblauch: Gut getrocknet halten sich die Knollen luftig und eher kühl, eventuell in der Gemüseschublade des Kühlschranks aufbewahrt, 2–3 Monate.
Mehl: Weissmehl ist am längsten – etwa 1 Jahr, allerdings mit geschmacklicher Einbusse –, Vollkornmehl nur etwa bis 4 Wochen nach dem Kauf haltbar. Mehl muss unbedingt kühl – aber nie im Kühlschrank, weil es dort feucht wird! – und trocken gelagert werden. Regelmässig auf Ungezieferbefall kontrollieren.
Milch: Pastmilch ist gut gekühlt, d.h. um 3° C, bis zu 1 Woche haltbar. UHT-Milch ist bei Zimmertemperatur in der Originalverpackung 3–4 Monate lagerfähig; einmal geöffnet muss

sie jedoch so schnell wie möglich aufgebraucht werden.
Öl: Sauerstoff und Ultraviolettstrahlung lassen es ranzig werden. Deshalb muss es vor Luft und Licht geschützt, also gut verschlossen und dunkel aufbewahrt werden. Die meisten Öle sind unter diesen Bedingungen ungefähr 1 Jahr haltbar (Ausnahmen: Baumnuss-, Haselnuss- und Mandelöl). Aufbewahren im Kühlschrank bekommt ihnen in der Regel nicht, da sie bei tiefer Temperatur schon bald fest werden.
Rahm (Sahne): Pasteurisierter Rahm ist ungeöffnet im Kühlschrank aufbewahrt gut 1 Woche haltbar (Verbrauchsdatum beachten). UHT-Rahm kann kühl gelagert bis zum Mindesthaltbarkeitsdatum, in der Regel jedoch 2–3 Wochen darüber hinaus verwendet werden.
Reis: Parboiled-Reis ist an einem eher kühlen, trockenen und dunklen Ort bis zu 1½ Jahre haltbar. Risotto- und Langkornreis lassen sich bei Zimmertemperatur und gut verschlossen 6–8 Monate, Vollkornreis 3–4 Monate lagern.
Salz: Trocken bei Zimmertemperatur lagern; fast unbeschränkt haltbar.
Senf: In Tuben oder Gläsern je nach Sorte 6–8 Monate haltbar; immer wieder gut verschliessen, damit der Senf nicht an- oder austrocknet. Das Aufbewahren im Kühlschrank hat übrigens kaum einen Einfluss auf die Haltbarkeit.
Teigwaren: Trockenteigwaren sind bei Zimmertemperatur problemlos bis zu 2 Jahre haltbar.
Zucker: In der Originalverpackung oder in gut verschlossenen Dosen bei Zimmertemperatur lagern; mindestens 2 Jahre oder sogar noch länger haltbar.

Zwiebeln: Trocken, aber luftig und nicht zu warm aufbewahrt sind sie etwa 4 Wochen haltbar, ohne dass sie zu keimen beginnen.

Die Praktischen

Wer öfter kocht und nur einmal wöchentlich einkaufen will, legt sich mit Vorteil einen erweiterten Vorrat an:
Backpulver: Bei Zimmertemperatur und trocken gelagert bis 1 Jahr haltbar; Mindesthaltbarkeitsdatum beachten.
Frischbackbrot: In der ungeöffneten Originalpackung je nach Hersteller 1–2 Wochen ungekühlt haltbar; nach dem Anbrechen im Kühlschrank aufbewahren und innerhalb von 3–4 Tagen aufbrauchen. Nach Ablauf des Verbrauchsdatums unbedingt genau überprüfen, ob sich nicht Schimmel gebildet hat!
Joghurt, Sauermilch, Quark: Diese Milchprodukte sind im Kühlschrank bei 3–4° C bis zum aufgedruckten Verbrauchsdatum, in den meisten Fällen aber mindestens noch 5–6 Tage darüber hinaus verwendbar. Quark kann auch tiefgekühlt werden; Haltbarkeit etwa 6 Monate.
Karotten: In der Gemüseschublade des Kühlschranks halten sie sich gut 1 Woche frisch.
Knollensellerie: Ganze Knollen sind in der Gemüseschublade des Kühlschranks etwa 1 Monat haltbar.
Lauch (Poree): In der Gemüseschublade des Kühlschranks können die Stangen 1–2 Wochen aufbewahrt werden.
Maiskörner, Dose: Ungeöffnet 1 Jahr oder länger bei Zimmertemperatur lagerbar; unbedingt Mindesthaltbarkeitsdatum beachten. Einmal geöffnet, die Maiskörner im Kühlschrank aufbewahren und innerhalb von 2 Tagen verwenden.
Maizena (Speisestärke): Trocken und bei Zimmertemperatur gelagert 2 Jahre und länger haltbar; angebrochene Packungen gelegentlich kontrollieren (Ungezieferbefall).
Mayonnaise: Fertigmayonnaise in Gläsern oder Tuben hält in der luftdicht verschlossenen Packung bei Zimmertemperatur 4–6 Monate. Einmal geöffnet, unbedingt im Kühlschrank aufbewahren und innerhalb von 4 Wochen verbrauchen.
Nüsse (Haselnüsse, Mandeln): Aufgrund ihres hohen Fettgehalts schmecken sie bei Zimmertemperatur aufbewahrt innerhalb weniger Wochen leicht ranzig. Deshalb ist es empfehlenswert, Nüsse ganz oder gemahlen in der Originalverpackung oder in einem gut verschlossenen Glas im Kühlschrank aufzubewahren (Haltbarkeit: gemahlen 3–4 Monate, ganze Nüsse 6 Monate) oder zu tiefkühlen (Lagerzeit: 10–12 Monate); gemahlene Nüsse können direkt, noch gefroren, verwendet werden.
Petersilie: Wie einen Blumenstrauss in Wasser einstellen und im Kühlschrank aufbewahren; das Wasser jeden Tag wechseln. Auf diese Weise bleibt sie 5–6 Tage frisch.
Reibkäse: Wenn möglich immer am Stück aufbewahren und nach Bedarf frisch reiben. Extrahartkäse wie Sbrinz oder Parmesan am Stück sind kühl gelagert und gut in Klarsichtfolie verpackt etwa 6 Wochen haltbar, Hartkäse wie Greyerzer oder Emmentaler 2–3 Wochen. Geriebener Käse hält sich gut verschlossen und kühl gelagert 5–6 Tage, verliert aber an Aroma. Besser ist es, ihn (portionenweise) einzufrieren; auf diese Weise ist er 3–4 Monate haltbar und kann direkt, noch gefroren, verwendet werden.

Salat: In einen Plastikbeutel verpackt lässt er sich in der Gemüseschublade des Kühlschranks 3–4 Tage aufbewahren, Chicorée (Brüsseler Endivien) sogar gut 1 Woche. Bei vorgewaschenem und geschnittenem Salat im Folienbeutel das Verbrauchsdatum beachten; vor dem Genuss unbedingt noch einmal gründlich kalt spülen.
Schokolade: Milchschokolade sollte innerhalb von 1–2 Monaten gegessen werden; dunkle Schokolade hält sich 3–6 Monate.
Thon (Thunfisch): In einem eher kühlen Raum (z.B. Keller) gelagert, halten sich Thunfischkonserven 1 Jahr und länger; mit zunehmender Lagerzeit wird der Thunfisch noch zarter; von Zeit zu Zeit die Dosen umdrehen. Offene Dosen im Kühlschrank aufbewahren und innerhalb von 1–2 Tagen aufbrauchen.
Tiefkühlerbsen und -spinat: Gefroren halten sich Gemüse je nach Sorte bis zu 1 Jahr frisch; Mindestverbrauchsdatum beachten.
Toastbrot: In der ungeöffneten Originalpackung bei Zimmertemperatur während 2–3 Wochen haltbar, nach Anbruch der Packung noch etwa 5 Tage. Nicht im Kühlschrank aufbewahren, da das Brot durch die Aufnahme von Feuchtigkeit schimmeln kann! Besser geeignet ist das Tiefkühlen; die gefrorenen Scheiben direkt im Toaster rösten oder in einer beschichteten Bratpfanne backen.
Tomatenketchup: Bei Zimmertemperatur in der Flasche etwa 6 Monate haltbar.
Tomatenpüree: Luftdicht verschlossen in der Tube oder Dose etwa 1 Jahr haltbar. In der angebrochenen Tube hält es sich im Kühlschrank noch mehrere Wochen frisch. In der Dose muss das Püree mit etwas Öl bedeckt werden, dann kann es noch 1–2 Wochen aufbewahrt werden.
Vanille: Vanillestängel können im Glasröhrchen bei Zimmertemperatur und dunkel gelagert 1 Jahr und länger aufbewahrt werden. Vanillezucker im Beutel ist ebenfalls sehr lange haltbar; Mindesthaltbarkeitsdatum beachten.
Würzsaucen wie Tabasco, Worcester- oder Sojasauce: Dunkel und bei Zimmertemperatur gelagert sind sie mindestens 1 Jahr haltbar.
Zimt: Zimtstangen halten sich luftdicht verpackt bei Zimmertemperatur 1 Jahr und länger. Zimtpulver sollte wie alle gemahlenen Gewürze innerhalb von 6 Monaten verbraucht werden, da es zusehends an Aroma verliert; unbedingt dunkel aufbewahren.
Zitronen: An einem luftigen Ort halten sie sich bei Zimmertemperatur 1–2 Wochen, im Gemüsefach des Kühlschranks noch länger. Konzentrierter Zitronensaft in der Plastikflasche kann bis zu 6 Monate aufbewahrt werden; der Saft ist nicht mehr geniessbar, wenn er eine leicht bräunliche Farbe hat.

Die Besonderen

Wer viel und abwechslungsreich kocht, für den lohnt es sich, den Vorrat durch weitere Spezialitäten zu bereichern:
Avocado: Zum Nachreifen 2–10 Tage bei Zimmertemperatur lagern; reife Früchte in das Gemüsefach des Kühlschranks legen, dann sind sie weitere 7–10 Tage haltbar.
Couscous/Bulgur: Vorgekochte Sorten können bei Zimmertemperatur gut verschlossen bis zu 6 Monate aufbewahrt werden.
Crevetten, tiefgekühlt: Lagerzeit etwa 3 Monate; Mindesthaltbarkeitsdatum beachten.
Dörrtomaten in Öl: Eingelegt und mit Öl bedeckt halten sie sich bei Zimmertemperatur verschlossen bis zu 1 Jahr, angebrochen etwa 4–6 Wochen.
Kapern: Im Glas als Essigkonserve luftdicht verschlossen 1 Jahr und länger. Angebrochen müssen sie im Kühlschrank aufbewahrt werden und sind noch etwa 3 Monate haltbar.
Linsen, rote: Diese geschälte Linsensorte ist an einem kühlen, trockenen Ort 3–4 Monate haltbar.
Maisgriess: Bei Zimmertemperatur gut verschlossen etwa 6 Monate haltbar.
Oliven: Im Glas luftdicht verschlossen etwa 1 Jahr haltbar; einmal angebrochen, im Kühlschrank aufbewahren und innerhalb von 3–4 Wochen verbrauchen.
Pesto: Im Glas luftdicht verschlossen bei Zimmertemperatur aufbewahrt etwa 8–10 Monate haltbar; einmal angebrochen, die Oberfläche mit Öl bedecken, im Kühlschrank aufbewahren und innerhalb von 3–4 Wochen verwenden.
Pilze, getrocknet: Sie halten dunkel und trocken bei Zimmertemperatur aufbewahrt 1 Jahr und länger.
Rosinen: In der Originalverpackung oder in einem Glas bei Zimmertemperatur 2–3 Monate, im Kühlschrank bis zu 6 Monate haltbar.

Von Massen und Gewichten

Überall dort, wo es auf ein paar Gramm oder Milliliter mehr oder weniger nicht ankommt, habe ich Massangaben in Löffeln gewählt, weil dies am praktischsten ist. Allerdings: Die modernen, eher flachen Löffel sind nicht besonders gut geeignet

zum Abmessen. Mein Tip: Zum Abmessen immer den gleichen Tee- oder Esslöffel verwenden, dann bekommt man auch diese Massangaben schnell in den Griff.
Alle Angaben in den Rezepten beziehen sich – falls nicht anders vermerkt – auf normalgrosse Esslöffel und Teelöffel, und die Menge gilt immer für einen *gestrichenen* Löffel.

	Esslöffel	Teelöffel
Mehl	10 g	3 g
Öl/Fett	15 g	5 g
Puderzucker	10 g	3 g
Reis	15 g	5 g
Salz	15 g	5 g
Stärkemehl	10 g	5 g
Zucker	15 g	5 g

In diesem Buch werden im weiteren die folgenden europäisch gebräuchlichen Flüssigkeitsmasse verwendet:

25 ml	=	¼ dl		
50 ml	=	½ dl		
100 ml	=	1 dl	=	1/10 l
150 ml	=	1½ dl		
200 ml	=	2 dl	=	1/5 l
250 ml	=	2½ dl	=	¼ l
300 ml	=	3 dl		
400 ml	=	4 dl		
500 ml	=	5 dl	=	½ l
600 ml	=	6 dl		
700 ml	=	7 dl		
750 ml	=	7½ dl	=	¾ l
800 ml	=	8 dl		
900 ml	=	9 dl		
1000 ml	=	10 dl	=	1 l

Nicht immer braucht man zum Messbecher zu greifen. Hier die gebräuchlichsten Massangaben für Flüssigkeiten in Tassen und Löffeln:

1 grosse Tasse	=	etwa ¼ l
1 kleine (Tee)Tasse	=	etwa 150 ml
1 Esslöffel	=	etwa 18 ml
1 Teelöffel	=	etwa 6 ml
100 ml	=	5–6 Esslöffel

Geheimnisvolle Küchensprache

Die Küchenfachsprache ist eine Sprache für sich. Auch wenn ich mich bemüht habe, die einzelnen Arbeitsabläufe möglichst einfach und detailliert zu beschreiben, ist vielleicht weniger Kochgeübten nicht immer klar, was beim Kochen unter dem einen oder anderen durchaus vertrauten Wort aus der Umgangssprache nun genau zu verstehen ist.
Ablöschen: Flüssigkeit zu angebratenem Fleisch, angedünstetem Gemüse, Reis usw. giessen. Wird eine grössere Flüssigkeitsmenge beigefügt, sollte sie von Vorteil heiss sein, damit das Aufkochen nicht zu lange dauert.
Abschrecken: Einen Garprozess abrupt beenden, indem man das vorgekochte Nahrungsmittel, wie zum Beispiel Gemüse, in ein Sieb abschüttet und sofort unter fliessendes kaltes Wasser hält; dadurch kann es nicht mehr weiter garen. Gemüse behält auf diese Weise auch seine schöne Farbe.
Al dente: Bissfest (körnig) gekochte Teigwaren und Reisgerichte.
Anbraten: Bei starker Hitze in sehr heissem Fett Fleisch schnell anbräunen, damit sich die Poren schliessen, also kein Saft mehr austritt.
Anziehen lassen: Unter stetem Wenden leicht anbraten, ohne dass die Zutaten dabei Farbe annehmen.
Ausquellen lassen: Garen bei sanfter Hitze in genau abgemessener Flüssigkeit, wobei diese vom Nahrungsmittel (z.B. Reis) vollständig aufgenommen wird.
Binden: Suppen, Saucen, Cremen usw. durch Beigabe von Speisestärke, Mehl, Mehlbutter, Eigelb oder Rahm cremiger und dickflüssiger werden lassen.
Blanchieren: Ein Nahrungsmittel nur für wenige Minuten in kochendes Wasser mit oder ohne Salz geben, um es vorzugaren, die Farbe zu erhalten oder Keime abzutöten. Nach dem Blanchieren wird das Gargut unter kaltem Wasser abgekühlt (abgeschreckt), um den Garprozess zu stoppen. Auch Tomaten oder Pfirsiche werden kurz blanchiert, wenn man die Haut entfernen will.
Bratsatz: Mischung von Fettstoff und Fleischsaft, die nach dem Anbraten von Fleisch auf dem Pfannenboden übrig bleibt. Der Bratsatz ist eine ideale Basis für die Zubereitung einer Sauce und wird mit etwas Flüssigkeit (Wasser, Bouillon, Wein usw.) aufgelöst.
Dämpfen: Ein Nahrungsmittel unter Einwirkung von Dampf gar kochen.
Dünsten: Ein Nahrungsmittel bei mässiger Hitze unter Beigabe von Fettstoff (Butter, Öl) vorgaren, aber auch im eigenen Saft oder unter Beigabe von ganz wenig Flüssigkeit meist zugedeckt fertig garen.
Garnieren: Ein fertiges Gericht mit passenden kleinen Zutaten hübsch anrichten oder dekorieren.
Gratinieren: Ein meist bereits fertiges Gericht im Ofen so lange backen, bis sich eine hellbraune Kruste bildet.
Karamellisieren: Schmelzen und Bräunen von Zucker durch Erhitzen auf mittlerem Feuer.
Marinieren: Fleisch, Fisch usw. mit Kräutern, Gewürzen, Öl, Zitronensaft, Wein usw. einreiben oder aus solchen

Zutaten eine Sauce anrühren (Marinade), in welche die Nahrungsmittel eingelegt und darin ziehen gelassen werden.
Parfümieren: Einem Gericht durch Likör, Branntwein, Fruchtsaft usw. ein bestimmtes Aroma verleihen.
Pochieren: Langsames Garen in Flüssigkeit bei einer Temperatur zwischen 70 und 80° C. Auch zarte Massen wie Puddinge oder Terrinen werden pochiert; man stellt sie in einer Form in ein heisses Wasserbad und lässt sie auf diese Weise gar ziehen.
Pürieren: Rohe oder gekochte Lebensmittel mit dem Pürierstab des Handmixers oder im Mixer fein zu Püree zerkleinern.
Reduzieren: Sauce oder eine andere Flüssigkeit einkochen lassen. Dadurch verringert sich nicht nur die Flüssigkeitsmenge, sondern auch der Geschmack wird intensiviert.
Rösten: Der gleiche Kochvorgang wie beim Dünsten, jedoch bei stärkerer Hitze, also ein Nahrungsmittel mit oder ohne Beigabe von Fettstoff (letzteres vor allem bei Nüssen) unter Wenden Farbe annehmen lassen.
Schmoren: Ein Nahrungsmittel in Saucenflüssigkeit zugedeckt auf kleinem Feuer über längere Zeit sanft kochen lassen.
Stocken lassen: Eier oder Gerichte mit Ei in der Pfanne oder in einem heissen Wasserbad so lange sanft erhitzen, bis sie gerade fest werden.
Tranchieren: Fleisch in Scheiben schneiden.
Unterheben, unterziehen: Eine Zutat so sorgfältig wie nur möglich, aber gründlich unter eine luftige Masse mischen; dabei nicht rühren, sondern einen Gummischaber oder einen Spachtel verwenden.

Schnell etwas dazu: Beilagen

Bei jedem Rezept finden Sie Tipps, was als Beilage besonders gut zu diesem bestimmten Gericht passt. Dies kann – als einfachste Variante – ein Stückchen Brot sein. Es gibt aber auch viele andere ideale Begleiter, die jeder mag, wie zum Beispiel Kartoffeln, Teigwaren oder Reis. Ihre Zubereitung ist ganz einfach und ebenso schnell wie die vorgestellten Gerichte. Am besten beginnt man beim Kochen immer mit der Beilage, denn diese kann auch warm gehalten werden, wenn der Rest noch nicht fertig ist.

Salzkartoffeln

Pro Person

2 mittlere festkochende Kartoffeln
Salz
nach Belieben etwas frische Kräuter und 1 Stückchen Butter

1 Die Kartoffeln mit einem Sparschäler oder notfalls mit einem Küchenmesser nicht zu dick schälen. Kurz unter kaltem Wasser abspülen und in Drittel oder Viertel schneiden.
2 Die Kartoffeln in einen Topf geben und so viel Wasser dazugiessen, dass sie nicht ganz bedeckt sind. Etwa ½ Teelöffel Salz dazustreuen. Die Kartoffeln zugedeckt aufkochen. Nach etwa 15 Minuten die Garprobe machen: Mit einem spitzen Küchenmesser bis in die Mitte einer Kartoffel stechen und prüfen, ob sie durch und durch weich ist. Anschliessend das Kochwasser abschütten.
3 Falls gewünscht, die Kräuter fein hacken. Zusammen mit der Butter in den leeren, aber noch heissen Kartoffeltopf geben und schmelzen lassen. Die Kartoffelstücke beifügen und unter Durchschütteln mit der Kräuterbutter überziehen.

Gebratene Schalenkartoffeln

Pro Person

4–5 möglichst kleine Kartoffeln (so genannte Raclettekartoffeln)
1 Esslöffel Bratbutter oder 2 Esslöffel Olivenöl
Salz
nach Belieben ½ kleiner Rosmarinzweig

1 Die Kartoffeln unter fliessendem Wasser gut reinigen; am besten geht dies mit einer kleinen Bürste. Die Kartoffeln nicht schälen.
2 In einer Bratpfanne die Butter oder das Öl erhitzen. Die Kartoffeln hineingeben und die Pfanne zudecken. Bei mittlerer Hitze je nach Grösse der Kartoffeln während 15–20 Minuten braten; dabei die Pfanne gelegentlich durchschütteln, damit die Kartoffeln rundum bräunen.
3 Gegen Schluss der Bratzeit die Kartoffeln leicht salzen und nach Belieben die abgezupften Rosmarinnadeln dazustreuen. Noch etwa 5 Minuten weiterbraten.

Bouillonreis

Pro Person

½ kleine Zwiebel
1 Teelöffel Butter
50–75 g nicht verkochender Langkornreis (Parboiled-Reis)
knapp 100–150 ml Bouillon, je nach Reismenge und gewünschter Körnigkeit

1 Die Zwiebel schälen und sehr fein hacken.
2 In einem kleinen Topf die Butter schmelzen. Die Zwiebel darin glasig werden lassen. Dann den Reis bei-

fügen und kurz mitdünsten. Die Bouillon dazugiessen und aufkochen. Den Reis zugedeckt auf kleinem Feuer ausquellen lassen, bis er alle Flüssigkeit aufgesogen hat. Zuletzt den Reis mit einer Gabel lockern.

Trockenreis
Pro Person

1 l Wasser
1 Teelöffel Salz
50–75 g Langkornreis

1 Das Wasser mit dem Salz zum Kochen bringen. Gleichzeitig den Backofen auf 100 Grad vorheizen.
2 Den Reis in ein Sieb geben und kurz unter fliessendem Wasser spülen; das ist wichtig, damit der Reis körnig wird und nicht klebt. Den Reis in das kochende Salzwasser geben und kurz umrühren. Während 12–15 Minuten – je nach Sorte und gewünschter Körnigkeit des Reises (fester oder weicher) – auf mittlerem Feuer kochen lassen. Hin und wieder umrühren, damit der Reis nicht am Topfboden festklebt.
3 Wenn der Reis gar ist, in ein Sieb abschütten und sehr gut abtropfen lassen. Dann auf einem Blech ausbreiten und im 100 Grad heissen Backofen etwa 10 Minuten trocknen lassen.

Tipp: Anstatt den Reis im Ofen trocknen zu lassen, kann man ihn auch in einem Siebeinsatz oder im Abtropfsieb über einem Topf mit wenig leicht kochendem Wasser warm halten.

Teigwaren
Pro Person

Pro Portion mindestens 1 l Wasser
¾ Esslöffel Salz
75–100 g Teigwaren
1 Stückchen Butter oder 1 Esslöffel kaltgepresstes Olivenöl

1 Wasser und Salz in einem nicht zu kleinen Topf aufkochen.
2 Die Teigwaren locker in das sprudelnde Wasser geben. Die Hitze so lange auf höchster Stufe lassen, bis das Kochwasser wieder siedet. Dann auf mittlere Hitze zurückschalten. Die Teigwaren hin und wieder umrühren. Wichtig: Teigwaren beim Kochen nie zudecken! Die genaue Kochzeit variiert von Sorte zu Sorte beträchtlich. Deshalb die Teigwaren immer wieder probieren; sie sollen gerade weich, aber noch fest im Biss, «al dente», sein.
3 Die Teigwaren in ein Sieb abschütten und gut abtropfen lassen. Nicht im Sieb liegen lassen, sondern sofort mit etwas Butter, Öl oder allenfalls einer Sauce mischen.

Kochen mit dem «schnellen Topf»

Gerade im Kleinhaushalt bringt der Einsatz eines Schnellkochtopfs viele Vorteile. Wer würde zum Beispiel nicht liebend gerne hin und wieder einen rustikalen Suppentopf, ein feines «altmodisches» Schmorgericht oder einen saftigen Eintopf zubereiten, scheut aber die lange Kochzeit für diese Gerichte? Dank dem Kochen unter Dampfdruck kann im Schnellkochtopf entscheidend Zeit gespart werden, so dass auch solche Gerichte schnell zubereitet sind. Und weil unter Ausschluss von Luftsauerstoff gegart wird, bleiben die natürlichen Aromen der Lebensmittel, aber auch ihre wertvollen Vitamine und Nährstoffe optimal erhalten.
Manchen weniger geübten Köchen und Köchinnen ist der zischende Topf allerdings nicht ganz geheuer – zu Unrecht. Die heutige Technik hat den Schnellkochtopf so sicher wie jeden anderen Topf und vor allem auch sehr bedienungsfreundlich gemacht. Nur wenige Handgriffe sind notwendig, und auch die Reinigung ist ganz einfach: Topf, Deckel und Einsatz können in die Spülmaschine gegeben werden, Deckelgriff und Dichtungsring werden kurz unter dem Wasserhahn heiss abgespült.

Was sich im Schnellkochtopf zubereiten lässt
Suppen: Das A und O vieler Suppentöpfe ist eine lange Kochzeit. Diese kann im Schnellkochtopf entscheidend verkürzt werden, ohne dass dabei eine geschmackliche Einbusse in Kauf genommen werden muss. Mit einem kleinen Trick lässt sich dies noch perfektionieren: Zum Garen unter Druck nur einen kleinen Teil der Flüssigkeit zugeben; dadurch wird die Suppe entsprechend konzentriert und kann nach dem Kochen mit Wasser oder Bouillon verdünnt werden. Für Suppen immer nur den ersten Ventilring aufsteigen lassen; mehr Druck bewirkt ein Überschäumen der Flüssigkeit und verstopft das Ventil. Anschliessend das Kochsignal vollständig absinken lassen, bevor der Topf geöffnet wird.
Fleisch: Filets, Steaks, Koteletts und andere zarte Fleischstücke gehören nie in den Schnellkochtopf, hingegen wirkt er wahre «Wunder» bei Fleisch-

stücken mit längerer Kochzeit, also preisgünstigen Stücken wie Ragout, Kalbshaxen, Fleischvögeln (-rouladen), Pouletschenkeln, Schmorplätzchen, Bratenstücken, Siedfleisch (Suppenfleisch) und anderem. Der Fleischsaft bleibt beim Garen erhalten, das Fleisch laugt weniger aus. Die Sauce wird im Dampfkochtopf sehr schmackhaft und kräftig, vorausgesetzt man verwendet nicht zu viel Flüssigkeit zum Garen. Wünscht man eine leicht gebundene Sauce, so kocht man sie nach Beendigung der Garzeit im offenen Topf noch etwas ein. Saucen sollten in jedem Fall erst nach dem Garen unter Dampfdruck mit Stärkemehl, Bratensauce oder Mehlbutter gebunden werden, da sie sonst gerne am Topfboden festkochen. Übrigens lassen sich Braten- und Saucengerichte im Schnellkochtopf sehr gut aufwärmen, so dass sie praktisch wie frisch schmecken. Es genügt, etwas verdünnte Sauce zum Fleisch zu geben und dieses nochmals 2–3 Minuten unter Druck zu garen.

Gemüse: Es kann im Schnellkochtopf besonders schonend zubereitet werden, da – im Gegensatz zu anderen Kochmethoden – beim Kochen im Dampf und unter Luftabschluss die wertvollen Vitamine und Mineralstoffe, aber auch das Eigenaroma erhalten bleiben. Deshalb ist es jedoch wichtig, dass man dem Gemüse zum Garen im Schnellkochtopf nur ganz wenig Flüssigkeit beigibt, so dass diese (und mit ihr die Vitamine und Mineralstoffe) nach dem Kochen nicht abgeschüttet zu werden braucht.

Am besten legt man das vorbereitete Gemüse auf den Siebeinsatz des Topfes, dann ist der Garprozess besonders schonend. Weniger geeignet für die Zubereitung im Schnellkochtopf sind: Blattspinat (sollte nur minutenschnell gekocht werden), Zucchini (ziehen gerne viel Wasser) sowie Spargel (muss beim Kochen überwacht werden können).

Kartoffeln: Sie sind die «Klassiker» der Zubereitung im Schnellkochtopf. Mit Vorteil wird auch hier der Siebeinsatz zum Garen verwendet, damit die Kartoffeln nicht im Wasser liegen. Das Platzen der Schalen bei Pellkartoffeln kann vermieden werden, indem man vor dem Öffnen des Topfes das Kochsignal vollständig absinken lässt, den Topf also nicht entdampft.

Hülsenfrüchte: Sie sind die Stiefkinder der schnellen Küche, weil sie eine lange Kochzeit haben. Für sie ist der Schnellkochtopf deshalb ideal: Linsen zum Beispiel sind in etwa 10 Minuten unter Druck weich gekocht. Alle Hülsenfrüchte werden immer kalt, ohne Salz und säurehaltige Zutaten (z.B. Tomaten, Wein) aufgesetzt, da diese das Weichwerden stark verzögern können. Zuerst im offenen Topf aufkochen, dann erst den Deckel schliessen und unter Druck setzen. Da Hülsenfrüchte stark quellen, den Topf nie mehr als gut einen Drittel füllen.

Reis: Wenn man sich genau an die Kochzeiten und an die richtige Flüssigkeitsmenge hält, ist die Zubereitung von Reis problemlos. Auf 250 g Reis rechnet man knapp 500 ml (5 dl) Wasser oder Bouillon (Verhältnis 1:2), die Kochzeit beträgt genau 6 Minuten, für Vollkornreis 15 Minuten. Das Kochsignal nur bis zum ersten Ring ansteigen lassen. Allerdings: Ein typischer italienischer Risotto gehört nicht in den Schnellkochtopf, denn er muss langsam und unter Rühren kochen, damit er die richtige Konsistenz bekommt.

Mais: Bei der Zubereitung von Polenta lohnt sich der Einsatz des Schnellkochtopfs vor allem auch, weil das lästige Spritzen des Maisbreis entfällt. Für die Zubereitung wird deutlich weniger Flüssigkeit benötigt als in einem normalen Topf. Das Verhältnis von Mais zu Flüssigkeit beträgt 1:2. Zuerst die Flüssigkeit aufkochen, dann den Mais hineingeben, nochmals aufkochen, erst dann den Topf schliessen. Das Kochsignal nur bis zum ersten Ring ansteigen lassen. Die Kochzeit von Polenta beträgt 5 Minuten; das Kochsignal vollständig absinken lassen, bevor man den Topf öffnet.

Die Kochzeit beginnt bei allen Gerichten, sobald der erste Ring am Kochsignal sichtbar ist. Die Ringe zeigen übrigens die Temperatur im Topf an: Beim ersten Ring beträgt sie etwa 109° C, beim zweiten Ring 117° C. Über die genauen Garzeiten gibt die Kochtabelle in der Gebrauchsanleitung Auskunft, die jedem Schnellkochtopf beiliegt.

Rezeptverzeichnis